REPARACIONES
y RENOVACIONES

cuartos
de baño

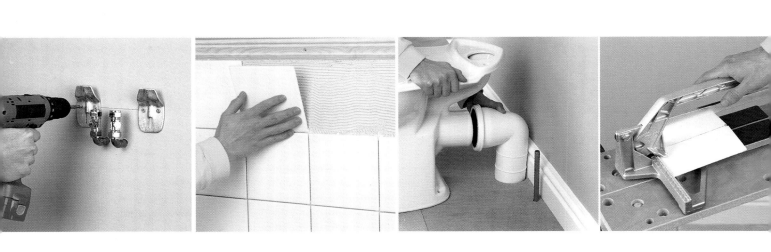

REPARACIONES
y RENOVACIONES

cuartos
de baño

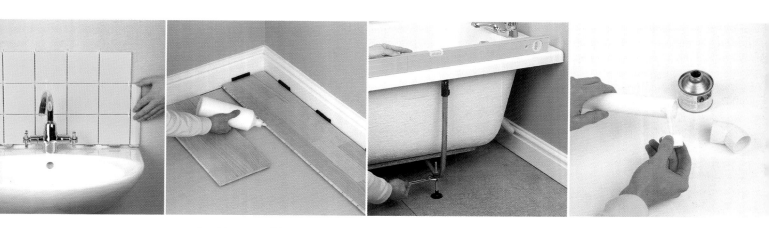

Julian Cassell & Peter Parham

cuartos de baño **contenido**

La instalación de un lavabo de pie conlleva trabajos rudimentarios de fontanería. Se dan instrucciones detalladas sobre ello en las páginas 48 y 49.

introducción

El moderno estilo de vida y el aumento del nivel de ingresos hacen que los cuartos de baño ya no sean en la actualidad un área de la casa puramente funcional. Comodidad, buena apariencia y una atmósfera relajante son ahora aspectos importantes a tener en cuenta. Todo esto ha favorecido la introducción de grandes innovaciones técnicas en todas las áreas del diseño de cuartos de baño, que van desde los estilos de bañeras, duchas y lavabos, hasta detalles menores, como estantes y espejos, o incluso tipos especiales de pinturas que se comercializan específicamente para uso en cuartos de baño.

Estilo y diseño

Cuando alguien piensa en redecorar su casa, ya sea simplemente para reavivar el estilo existente o para un cambio más radical, el cuarto de baño suele ser una de las prioridades. Esto se debe en gran medida a que un cuarto de baño está sometido a un gran deterioro por el uso y, por tanto, necesitará una mayor frecuencia de reparaciones y de nueva decoración que cualquier otra habitación de la casa. Ya esté usted planeando dar simplemente una mano de pintura, o desee hacer una renovación drástica, como incorporar un baño nuevo a una habitación, los cuartos de baño son siempre una de las empresas favoritas de los entusiastas de los arreglos de la casa. La mayoría de revistas de decoración y estilo contienen al menos un artículo sobre cómo mejorar el aspecto del baño, y siempre nos muestran numerosas fotos llenas de ideas sugestivas. Además, las posibilidades entre las que poder escoger nunca han sido tan variadas; todos los gustos se ven atendidos y es ahora más fácil que nunca plasmar la propia personalidad y preferencias en el aspecto y atmósfera de su baño. Algunas de las ideas que se ven en las revistas son sin duda más fáciles de llevar a la práctica y atractivas que otras, pero todas ellas proporcionan un buen punto de referencia cuando se trata de considerar lo que es posible lograr y el tipo de trabajo que a uno mismo le gustaría emprender.

ABAJO: *Colores alegres y paneles de madera en color natural para las paredes, combinados con sanitarios en blanco y accesorios cromados, sacan el mayor partido a la luz natural de que dispone este cuarto de baño.*

La principal preocupación de la mayoría de la gente cuando piensa en renovar un cuarto de baño es la fontanería. Creen que todo lo relacionado con esta tarea o bien es excepcionalmente difícil o simplemente no debe ser abordado por alguien que no sea un profesional. Bien es verdad que no hay que emprender trabajos para los que no se reúne el suficiente conocimiento o seguridad en uno mismo. Sin embargo, muchas tareas son en realidad sencillas y pueden hacerle ahorrar bastante dinero haciéndolas usted mismo, lo que siempre proporciona una gran satisfacción. Algunas innovaciones recientes, como la válvula de cierre que encontramos en una gran parte de los sanitarios, han convertido la mayoría de los trabajos de fontanería en algo mucho más fácil de lo que era antes. Estas válvulas permiten cortar el suministro de agua a un solo elemento sanitario, de manera que ya no es necesario cortar el agua de toda la casa para llevar a cabo algún trabajo en un sanitario en particular. Por otra parte, muchos establecimientos de bricolaje proporcionan instrucciones a la hora de instalar sanitarios y material de fontanería, de modo que los entusiastas de los trabajos manuales pueden acometer muchas más tareas. Antes de iniciar un trabajo de renovación, conviene tomar contacto con la forma en que realmente funciona un cuarto de baño, en términos de toma de agua y desagüe para cada uno de los sanitarios, y también sobre cuál es la correcta posición de cada uno de ellos para conseguir un mejor aprovechamiento del espacio sin olvidar la comodidad de uso. El capítulo 1 toma en consideración todos estos aspectos y explica la anatomía de los baños y la forma en que los distintos elementos, lavabos, inodoros, bañeras y bidés, están relacionados. Es indispensable entender los principios básicos del diseño de cuartos de baño a la hora de lograr el mejor formato de cuarto de baño.

El capítulo 2 trata del punto más importante de cualquier proyecto de renovación: la planificación, que deberá ser muy concienzuda y cuya necesidad se enfatiza incansablemente a lo largo de todo el libro. No olvidemos que se trata del planteamiento del trabajo que prepara el camino para un resultado brillante. La planificación comienza mucho antes de que se toque cualquier herramienta y muchas decisiones estarán vinculadas a la magnitud del trabajo que se va a llevar a cabo, cuánto podrá usted hacer por sí mismo, o si se dispone de las herramientas y materiales apropiados para completar esa tarea. El estilo de los sanitarios es sólo cuestión de gusto personal, pero recuerde que va a tener que convivir con lo que elija durante muchos años, por lo que es recomendable que se tome el debido tiempo para considerar todos los aspectos, antes de tomar la decisión final.

ARRIBA: *Un cuarto de baño debe soportar el uso diario de toda la familia, pero eso no debe suponer una renuncia al estilo. Aquí, el zócalo alicatado es práctico y al mismo tiempo de color animado y atractivo.*

El capítulo 3 toma en consideración la casi totalidad de los sanitarios y accesorios de baño y la forma en que van instalados. Emprender la instalación de un cuarto de baño completo no es trabajo que se deba tomar a la ligera, aunque se sorprenderá de la gran cantidad de tareas que son más fáciles de lo que esperaba y, si duda de su capacidad personal, decídase siempre por ser prudente. Una vez que los sanitarios y muebles estén en su sitio es cuando podrá dedicar más atención a los diversos accesorios que proporcionan gran parte del aspecto final del baño y ayudan a hacer su uso más fácil y cómodo. El capítulo 4 desarrolla el apartado de la renovación y subraya todos esos detalles que pueden no parecer importantes al comenzar a pensar en la reforma del cuarto de baño.

Los suelos son un aspecto muy importante cuando remodelamos un baño; deben ser resistentes, pero también contribuir a mejorar el atractivo de este cuarto. El capítulo 5 explica las diferentes opciones de este apartado y además detalla cuáles son las mejores técnicas para conseguir el resultado deseado. Los toques finales también contribuyen al aspecto general que tendrá el baño al acabar los trabajos, y por ello el capítulo 6 trata sobre este importante tema.

Muchas de las técnicas que se emplean en los trabajos de renovación de un baño son similares a las empleadas en otras partes de la casa, pero hay aquí métodos y procedimientos adicionales que ayudarán a aumentar la duración y el buen

aspecto de su cuarto de baño. Sin embargo, incluso usando esas técnicas habrá que realizar tareas de reparación de cuando en cuando, y esto es lo que explica el capítulo 7. Otros trabajos de reparación pueden ir desde el cambio de juntas o zapatas hasta reparación de azulejos rotos, y todo ello tiene gran importancia a la hora de mantener el aspecto y funcionalidad de esta pieza de la casa.

No siempre es necesario renovar completamente un baño ya existente para darle un aire renovado. A veces es suficiente con unos cuantos cambios para rejuvenecer el aspecto de su cuarto de baño. El capítulo 8 proporciona algunos ejemplos sobre cómo esos cambios pueden mejorar la apariencia real de su baño dándole un aire nuevo a la altura de sus deseos.

Este libro proporciona una gran cantidad de información útil sobre la renovación de cuartos de baño, y será de gran ayuda a la hora de lograr sus objetivos. Disfrute de la experiencia de este tipo de trabajo; el resultado final puede ser tremendamente gratificante, por vivir la experiencia de alcanzar un logro y también por el placer que un nuevo formato de cuarto de baño proporciona.

ABAJO: *Los azulejos son el material de decoración ideal para paredes y suelos del cuarto de baño, porque ofrecen un aislamiento muy bueno y son fáciles de limpiar. El alicatado que recubre la bañera crea aquí un efecto altamente decorativo.*

El formato de este libro ha sido pensado para proporcionar unas instrucciones de trabajo lo más claras y sencillas que sea posible. La ilustración que se muestra abajo da una idea de los diferentes elementos que se incorporan en el diseño de página. Las fotos y gráficos en color combinados con texto explicativo y ordenados paso a paso proporcionan unas instrucciones fáciles de seguir. Cada proyecto va precedido de un recuadro azul que contiene la lista de las herramientas necesarias, de forma que se sabe de antemano lo que va a hacer falta. Otros recuadros con texto explicativo ilustran cada proyecto para poner en relieve algunos temas en particular. Los recuadros rosa de seguridad advierten al lector sobre los temas de seguridad y precauciones a tomar; en ellos se indica también cuándo es conveniente encomendar un trabajo a un profesional. Los recuadros verdes de consejos ofrecen recomendaciones profesionales sobre la mejor forma de emprender cualquiera de los trabajos que componen un proyecto. Los recuadros con el borde naranja describen opciones y técnicas alternativas, importantes para el proyecto en curso, pero no explicados en la página.

Clasificación de la dificultad

Los siguientes símbolos se utilizan para dar una indicación del grado de dificultad de las tareas y proyectos específicos contenidos en el libro. Lo que para una persona puede ser un trabajo fácil puede ser difícil para otra, o al contrario. Estas indicaciones de dificultad están basadas en la habilidad de un individuo en relación con su experiencia y el grado de capacidad técnica requerido.

 Sencillo y que no requiere especialización técnica

 Sencillo pero que requiere un cierto nivel técnico

 Difícil y puede incluir más de un tipo de trabajo

 Se requiere un alto nivel técnico

Los recuadros de seguridad pintados en rosa resaltan los puntos de seguridad importantes de cada proyecto relacionados con ese proyecto

Los recuadros con consejos proporcionan recomendaciones profesionales sobre la mejor forma de llevar a cabo un trabajo, o subraya tareas en las que puede ser recomendable el uso de métodos más tradicionales

Al comienzo de cada proyecto se da una lista de las herramientas necesarias

Los recuadros de opciones ofrecen información adicional sobre los trabajos

Los círculos de un determinado color le ayudarán a encontrar fácilmente la página cuando consulte otros capítulos

anatomía de los cuartos de baño

La disposición de un cuarto de baño ofrece siempre un uso práctico del espacio, mientras mantiene un aspecto lo más atractivo posible.

Este capítulo explica las diversas formas de diseñar un cuarto de baño para conseguir estos dos objetivos. Aunque el tamaño de la habitación y la superficie disponible de suelo juegan un papel importante en la determinación de la mejor disposición, hay un buen número de características comunes a todo cuarto de baño sobre las que deben seguirse algunas guías básicas. A partir de este punto inicial, pueden hacerse variaciones para tener en cuenta las preferencias personales y las necesidades específicas.

A la hora de planificar el diseño de un cuarto de baño, si el espacio es escaso, la mejor opción es instalar una cabina de ducha en lugar de una bañera.

forma básica de un cuarto de baño

La forma básica de un cuarto de baño viene determinada por el tamaño de la habitación y el número de elementos incluidos en el conjunto de aparatos seleccionado. El número de baños existentes en la vivienda y, como consecuencia, el uso previsible de cada cuarto de baño y el número de usuarios de cada uno también tienen su influencia. El cuarto de baño es una parte muy funcional de la casa, por lo que es preciso situar los sanitarios para que funcionen de forma eficiente. Las zonas idóneas para el uso de un aparato en particular se denominan en las figuras siguientes "zonas de trabajo" y se identifican con un recuadro rojo. Pero el cuarto de baño es también una pieza en la que poder relajarse, por lo que es importante incorporar cierto grado de confort y estética a su diseño.

Cuartos de baño espaciosos

Cuanto más grande sea la habitación, más posibilidades tendrá para elegir un diseño, pero, en cualquier caso, necesitará una buena planificación.. De hecho, los cuartos de baño más pequeños pueden resultar de diseño más fácil, ya que en tal caso las opciones son más limitadas. En general, cuando se dispone de mucho espacio, existe una tendencia a llenarlo de sanitarios, lo que resulta satisfactorio, siempre que cada sanitario tenga su "zona de trabajo". Los cuartos de baño grandes pueden utilizarse por más de una persona simultáneamente, por lo que conviene que las zonas de trabajo en que se está de pie estén lo más separadas posible.

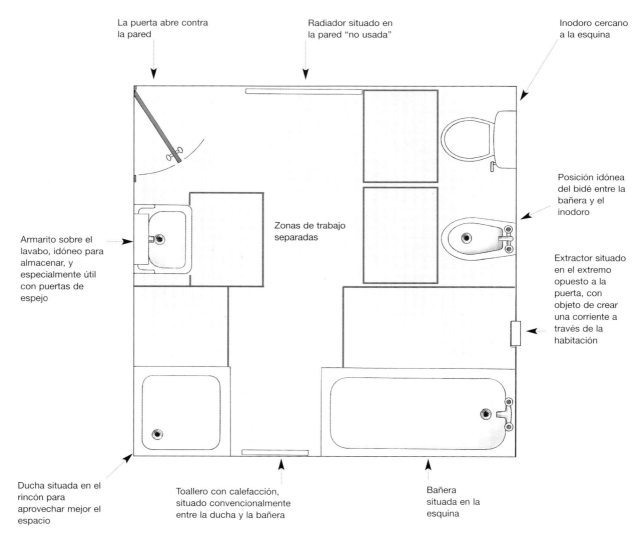

La puerta abre contra la pared

Radiador situado en la pared "no usada"

Inodoro cercano a la esquina

Posición idónea del bidé entre la bañera y el inodoro

Extractor situado en el extremo opuesto a la puerta, con objeto de crear una corriente a través de la habitación

Zonas de trabajo separadas

Armarito sobre el lavabo, idóneo para almacenar, y especialmente útil con puertas de espejo

Ducha situada en el rincón para aprovechar mejor el espacio

Toallero con calefacción, situado convencionalmente entre la ducha y la bañera

Bañera situada en la esquina

En casas con un único cuarto de baño, usado por toda la familia, pueden ser necesarios algunos arreglos, dependiendo del espacio disponible. Hay posibilidades de seleccionar diseños de sanitarios idóneos para ahorrar espacio, tales como los platos de ducha con esquina achaflanada o toalleros con calefacción que sustituyan al radiador de la habitación. Las zonas de trabajo pueden tener que superponerse en los cuartos de baño familiares, pero esto puede limitarse hasta cierto punto, de manera que se mantenga la eficiencia y el cuarto de baño pueda seguir siendo utilizado por más de una persona a la vez.

Consejos profesionales

La mejor ubicación para los inodoros sería sobre una pared que dé al exterior o cerca de ella, de forma que la cuantía del trabajo de fontanería que se necesitará para llevar las conducciones desde el inodoro hasta el colector exterior sea el mínimo.

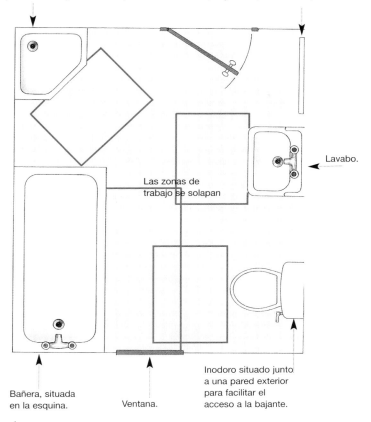

El plato de ducha con esquina en chaflán permite un mejor uso del espacio.

Radiador o toallero con calefacción. Uno o dos, según las preferencias personales.

Lavabo.

Las zonas de trabajo se solapan

Bañera, situada en la esquina.

Ventana.

Inodoro situado junto a una pared exterior para facilitar el acceso a la bajante.

Los cuartos de baño incorporados a dormitorios suelen ser pequeños, por lo que muchos diseños están condicionados por el espacio disponible. Dado que este tipo de cuarto de baño está menos ocupado que los anteriores, el concepto de zona de trabajo puede resultar innecesario. Por el contrario, una sola zona central suele servir de zona de trabajo para todos los aparatos. La atención se centra en el acceso fácil, por una única persona al mismo tiempo, a la totalidad de los sanitarios del cuarto de baño. Así, la zona de trabajo de la bañera puede pasar a ser la del lavabo, según lo que se esté usando. La instalación de una cabina de ducha en lugar de una bañera ahorrará mucho espacio.

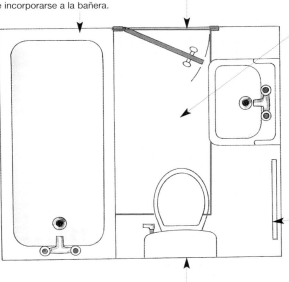

La elección de la posición de la bañera está limitada por el tamaño del cuarto. La ducha puede incorporarse a la bañera.

La puerta se abre hacia la bañera, con preferencia a la apertura hacia el lavabo.

No se pueden tener zonas de trabajo separadas. Sólo es posible una zona de trabajo general.

Radiador o toallero con calefacción. Generalmente sólo hay sitio para uno de los dos.

Inodoro

forma básica de un cuarto de baño

13

cuartos de baño integrados

Claramente todos los cuartos de baño son "integrados", en el sentido de que los elementos esenciales están en una posición fija, unidos permanentemente a las tuberías. Por ello, cuando se aplica el término "integrado" a un cuarto de baño, se indica, en general, que dichos elementos se alojan en muebles diseñados al efecto. Estos muebles suelen presentar un acabado común, produciendo una vista del conjunto que da al cuarto de baño un aspecto placentero. Este término también se usa para indicar que las tuberías están en un cajeado, ocultas a la vista.

Muebles de baño

Usted puede construir sus propios muebles si lo desea, o comprar versiones prefabricadas. Los fabricantes producen diseños diferentes, que pueden instalarse en la mayoría de las disposiciones de cuarto de baño. Aunque el precio y la calidad pueden variar muchísimo, hay características comunes en la forma de diseñar y fabricar los muebles. El ejemplo siguiente muestra la forma de construir un mueble para lavabo.

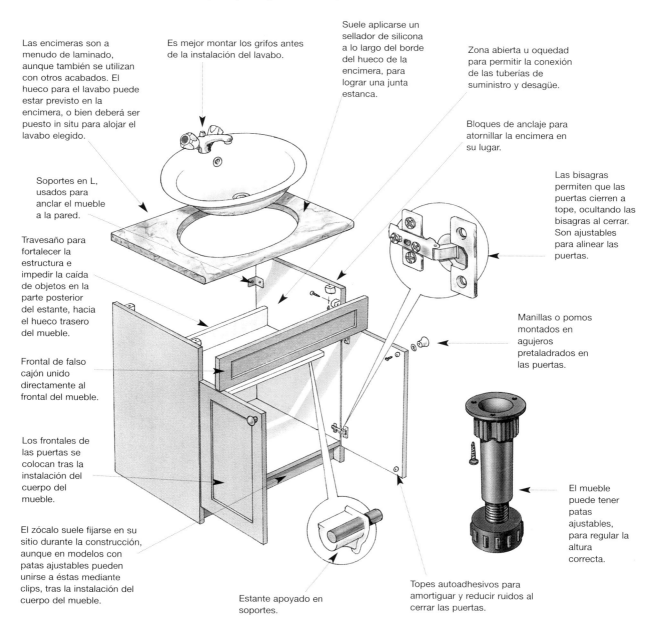

Las encimeras son a menudo de laminado, aunque también se utilizan con otros acabados. El hueco para el lavabo puede estar previsto en la encimera, o bien deberá ser puesto in situ para alojar el lavabo elegido.

Es mejor montar los grifos antes de la instalación del lavabo.

Suele aplicarse un sellador de silicona a lo largo del borde del hueco de la encimera, para lograr una junta estanca.

Zona abierta u oquedad para permitir la conexión de las tuberías de suministro y desagüe.

Bloques de anclaje para atornillar la encimera en su lugar.

Soportes en L, usados para anclar el mueble a la pared.

Las bisagras permiten que las puertas cierren a tope, ocultando las bisagras al cerrar. Son ajustables para alinear las puertas.

Travesaño para fortalecer la estructura e impedir la caída de objetos en la parte posterior del estante, hacia el hueco trasero del mueble.

Manillas o pomos montados en agujeros pretaladrados en las puertas.

Frontal de falso cajón unido directamente al frontal del mueble.

Los frontales de las puertas se colocan tras la instalación del cuerpo del mueble.

El zócalo suele fijarse en su sitio durante la construcción, aunque en modelos con patas ajustables pueden unirse a éstas mediante clips, tras la instalación del cuerpo del mueble.

El mueble puede tener patas ajustables, para regular la altura correcta.

Estante apoyado en soportes.

Topes autoadhesivos para amortiguar y reducir ruidos al cerrar las puertas.

Se puede lograr un aspecto integrado de más de una manera. Una de las formas es la incorporación de los sanitarios, como lavabos o inodoros, a cuerpos de muebles, uniendo estos muebles a armarios o estanterías. La bañera puede estar empanelada para obtener un aspecto a juego con los muebles. La bañera es el sanitario de mayor tamaño del cuarto de baño, por lo que la colocación de paneles es una buena forma de incorporarla a la decoración del resto del cuarto, en lugar de que la domine. El objetivo de este diseño de cuarto de baño es la ocultación a la vista de las tuberías y conexiones, al tiempo que se mantienen las funciones prácticas y una apariencia atractiva y moderna. En las páginas 18-19 se ilustra detalladamente cómo lograrlo.

DERECHA: *El diseño de los muebles puede ligarse al resto de la decoración del cuarto de baño para reforzar su aspecto integrado. El color azul de algunos frontales de cajones y puertas de muebles se repite en los colores de las paredes de este cuarto de baño.*

15

El segundo método para lograr un aspecto totalmente integrado es el de hacer un cajeado sobre los elementos antiestéticos. Además de camuflar u ocultar las tuberías, el cajeado puede diseñarse para que funcione como estante de almacenaje y vitrina. Si los bastidores están bien hechos, los cajeados pueden tener un aspecto tan estético como los muebles de fábrica. También pueden aplicarse acabados decorativos a los paneles de los cajeados, como los azulejos, para lograr un aspecto integrado. En las páginas 62-63 se dan unas instrucciones completas para la realización de un cajeado.

IZQUIERDA: *La decoración de las zonas de cajeado con las mismas baldosas que el suelo refuerza el aspecto integrado y da una impresión de diseño a medida del cuarto de baño.*

conexión de sanitarios

Los elementos funcionales del cuarto de baño deben conectarse a las tuberías adecuadas de suministro y desagüe, y sujetarse firmemente en su sitio, usando los anclajes y soportes apropiados. Los accesorios de conexión, mecanismos de suministro y anclajes varían dependiendo de la época y de su diseño. Sin embargo, hay algunos principios que le ayudarán a un mejor conocimiento sobre la manera de instalar y anclar los sanitarios para que funcionen sin problemas.

Bañeras

El tamaño y forma de las bañeras varían. Todas llevan conexiones de agua fría y caliente, así como de desagüe. El diagrama siguiente muestra los mecanismos de una bañera, que normalmente quedan ocultos a la vista en su uso cotidiano. Es importante adquirir un conocimiento básico de los mismos antes de iniciar cualquier trabajo.

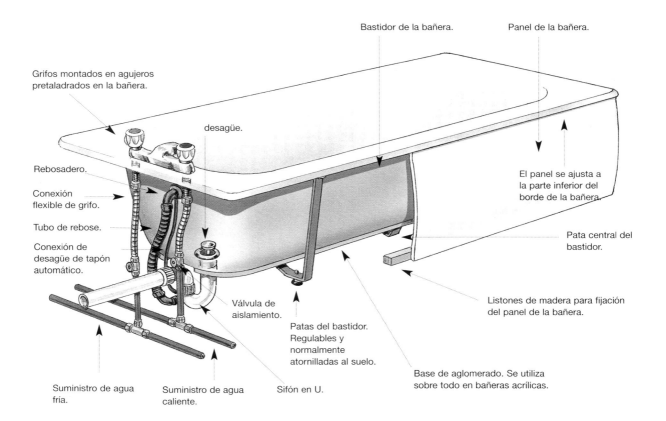

Bastidor de la bañera.

Panel de la bañera.

Grifos montados en agujeros pretaladrados en la bañera.

desagüe.

Rebosadero.

Conexión flexible de grifo.

Tubo de rebose.

Conexión de desagüe de tapón automático.

El panel se ajusta a la parte inferior del borde de la bañera.

Pata central del bastidor.

Listones de madera para fijación del panel de la bañera.

Válvula de aislamiento.

Patas del bastidor. Regulables y normalmente atornilladas al suelo.

Suministro de agua fría.

Suministro de agua caliente.

Sifón en U.

Base de aglomerado. Se utiliza sobre todo en bañeras acrílicas.

APOYO EXTRA

Debajo de algunas bañeras encontrará madera, por ejemplo de aglomerado, usada para apoyar la bañera y distribuir las cargas más uniformemente. La madera queda oculta a la vista por el panel de la bañera.

PANELES

Los paneles de bañera se suministran a menudo con ésta, aunque en ocasiones tendrá que prepararlos. Hay bañeras clásicas de formas curvas que no requieren paneles y que normalmente tienen pies decorativos, visibles en todo momento.

Lavabos

Los lavabos también varían en su diseño, pero todos necesitan suministro de agua y conexión al sistema de desagüe. Algunos lavabos se montan anclados a la pared, mientras otros se apoyan en un pedestal. En muchos cuartos de baño integrados el lavabo se aloja en un mueble adaptado, tipo tocador. El diagrama de la derecha muestra algunas características comunes al diseño de la mayor parte de lavabos, así como los mecanismos que permiten su funcionamiento.

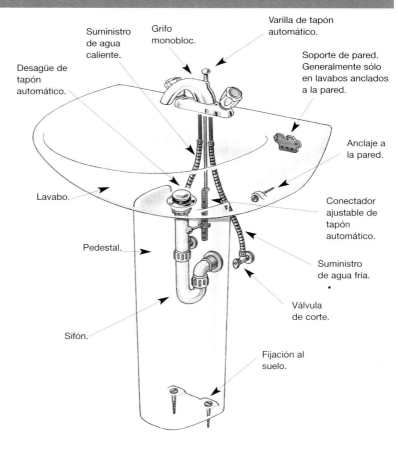

Suministro de agua caliente.

Grifo monobloc.

Varilla de tapón automático.

Desagüe de tapón automático.

Soporte de pared. Generalmente sólo en lavabos anclados a la pared.

Anclaje a la pared.

Lavabo.

Conectador ajustable de tapón automático.

Pedestal.

Suministro de agua fría.

Válvula de corte.

Sifón.

Fijación al suelo.

Inodoros

Los inodoros difieren de las bañeras y lavabos en que sólo necesitan suministro de agua fría y en que el sistema de desagüe tiene un tamaño muy superior. El aspecto en que más se diferencian los diferentes tipos de inodoro es la cisterna. Los inodoros tradicionales, de estilo más antiguo, llevan la cisterna muy por encima del nivel de la taza, y se denominan de cisterna alta o de nivel alto. Otro diseño, llamado de cisterna baja, presenta la cisterna sujeta a la pared, justo por encima del nivel de la taza. Sin embargo, la mayor parte de los inodoros modernos son de cisterna acoplada, en los que la cisterna asienta directamente sobre la taza, en su parte posterior, de modo que la conexión entre cisterna y taza resulta mucho más sencilla. Éste es el diseño aquí mostrado.

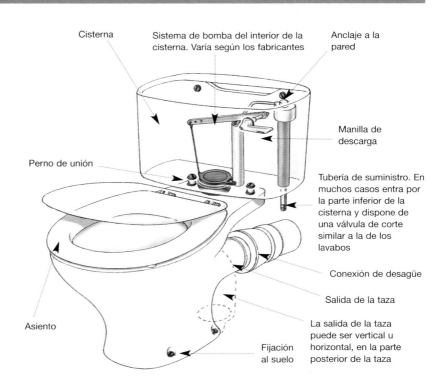

Cisterna

Sistema de bomba del interior de la cisterna. Varía según los fabricantes

Anclaje a la pared

Manilla de descarga

Perno de unión

Tubería de suministro. En muchos casos entra por la parte inferior de la cisterna y dispone de una válvula de corte similar a la de los lavabos

Conexión de desagüe

Salida de la taza

Asiento

La salida de la taza puede ser vertical u horizontal, en la parte posterior de la taza

Fijación al suelo

instalación de cuartos de baño

Una vez entendidos los aspectos básicos de la disposición de un cuarto de baño y cómo los diferentes aparatos y elementos se fijan en su posición, debe conocer la interacción entre los diferentes elementos para que funcionen a pleno rendimiento. Esta relación resulta algo más compleja cuando se trata de un diseño de cuarto de baño integrado con muebles. Las ilustraciones que siguen muestran la relación entre los sanitarios y el recorrido de los suministros para obtener el aspecto de acabado más atractivo del baño en su conjunto.

Muebles

En el diseño de un baño totalmente integrado, los elementos se unen entre sí para obtener una hilera continua de muebles. Normalmente se instalan los muebles del extremo visto de la hilera terminados con un panel de terminación, a juego con el acabado de las puertas. También se usan muebles especiales para alojar los sanitarios, como el inodoro o el lavabo. Esto proporciona un aspecto integrado y atractivo. El diagrama siguiente identifica los diversos elementos de un cuarto de baño integrado y muestra su proceso de construcción.

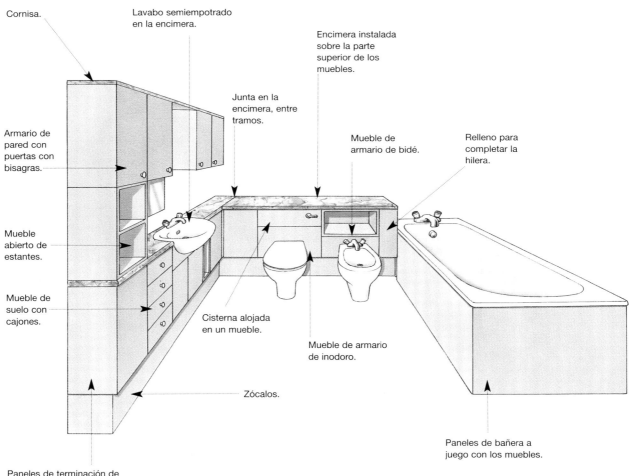

Cornisa.

Lavabo semiempotrado en la encimera.

Encimera instalada sobre la parte superior de los muebles.

Junta en la encimera, entre tramos.

Armario de pared con puertas con bisagras.

Mueble de armario de bidé.

Relleno para completar la hilera.

Mueble abierto de estantes.

Mueble de suelo con cajones.

Cisterna alojada en un mueble.

Mueble de armario de inodoro.

Zócalos.

Paneles de bañera a juego con los muebles.

Paneles de terminación de los muebles principales situados en el extremo.

Fontanería

Los requisitos del suministro de agua y del desagüe o drenaje de un cuarto de baño son, en general, más complicados que en cualquier otra pieza de la vivienda, ya que hay más aparatos que utilizan agua corriente. El trazado de las tuberías necesarias debe planificarse cuidadosamente, de modo que queden ocultas a la vista, pero accesibles en caso de necesidad.

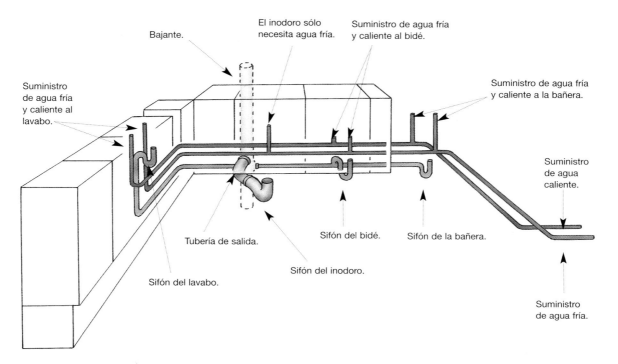

Bajante.

El inodoro sólo necesita agua fría.

Suministro de agua fría y caliente al bidé.

Suministro de agua fría y caliente al lavabo.

Suministro de agua fría y caliente a la bañera.

Suministro de agua caliente.

Tubería de salida.

Sifón del bidé.

Sifón de la bañera.

Sifón del lavabo.

Sifón del inodoro.

Suministro de agua fría.

Electricidad

En un cuarto de baño no pueden instalarse enchufes eléctricos estándar, debido al peligro de que el agua entre en contacto con ellos. Sin embargo, hay una cantidad sorprendente de cables en un cuarto de baño en pleno funcionamiento.

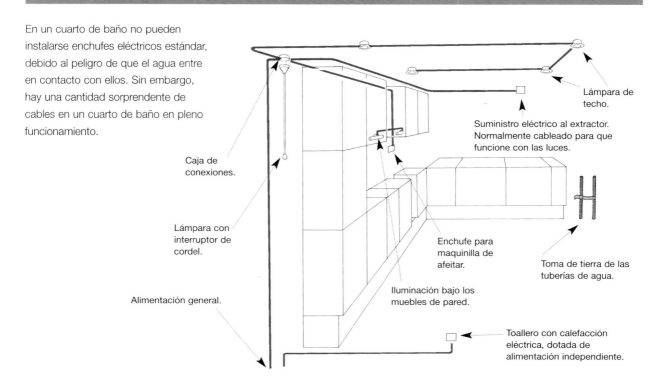

Lámpara de techo.

Suministro eléctrico al extractor. Normalmente cableado para que funcione con las luces.

Caja de conexiones.

Lámpara con interruptor de cordel.

Enchufe para maquinilla de afeitar.

Toma de tierra de las tuberías de agua.

Alimentación general.

Iluminación bajo los muebles de pared.

Toallero con calefacción eléctrica, dotada de alimentación independiente.

planificación

Cuando piense renovar un cuarto de baño, necesitará decidir qué cambios desea hacer en la disposición general y evaluar el alcance del trabajo requerido. Una renovación completa conlleva la realización de varias elecciones de estilos, la más importante de las cuales es la elección del conjunto de sanitarios y muebles de baño. Este capítulo da ejemplos de diversas opciones de diseño e indica los puntos principales que debe considerar al elegir los nuevos elementos. También tendrá que valorar cuánto trabajo puede realizar por usted mismo, tanto por razones legales como por sus capacidades. Una vez decidido esto, podrá planificar los trabajos en que se requieren profesionales. Adicionalmente se dan guías para cuando es mejor buscar la ayuda de un profesional, y sobre cómo planificar minuciosamente para lograr los mejores resultados.

La disposición de los sanitarios en este cuarto de baño ha sido planeada para sacar partido a las hermosas ventanas que dominan esta habitación.

opciones de cambio

La elección de aparatos sanitarios para el cuarto de baño es una cuestión de gusto personal. Tendrá que decidir si desea un cuarto de baño total o parcialmente integrado, o si sólo necesita un conjunto de aparatos simples y bien elegidos. Recuerde que la bañera o lavabo más sencillos pueden embellecerse con grifos y accesorios más lujosos. También debe tener en cuenta el estilo de decoración del resto de la casa, y decidir si quiere que su cuarto de baño sea diferente o del mismo tipo.

Integrado moderno

Una de las ventajas principales de un estilo integrado moderno es que proporciona gran capacidad de almacenaje en armarios y estantes abiertos, en los que pueden mostrarse a la vista los artículos más atractivos, con objeto de mejorar el aspecto general del cuarto. Este tipo de cuarto de baño también presenta un alto grado de acabado, que eleva el conjunto sobre lo meramente funcional. La instalación de los sanitarios, como los lavabos e inodoros, en un diseño totalmente integrado minimiza el impacto visual de estos elementos funcionales, convirtiéndolos en elementos de diseño, de aspecto estético.

DERECHA: *Puede adoptar el esquema del color de los muebles de baño como base de la decoración general del cuarto, creando un conjunto atractivo y armonioso.*

Clásico

Un diseño clásico de cuarto de baño tiene, habitualmente, espacio adecuado y sanitarios sencillos y elegantes, pero no tienen que ser necesariamente un foco de atracción. Gran parte del impacto se logra eligiendo sanitarios que sirvan de fondo a otros elementos decorativos de la habitación, tales como, por ejemplo, cortinajes vistosos; muebles adicionales, como sillas, o accesorios bonitos, como espejos o jarrones de flores. La atención al detalle de los toques de acabado es lo que hace que funcione este tipo de cuartos de baño.

IZQUIERDA: *El panelado de la bañera ayuda a lograr un aspecto limpio e integrado en este cuarto de baño clásico y compacto. El ambiente confortable se ve resaltado por la luz natural de que disfruta.*

Contemporáneo no integrado

Para lograr una apariencia moderna no es preciso adoptar una solución totalmente integrada o basada en el mobiliario. Por el contrario, se pueden elegir sanitarios que no correspondan totalmente a estilos tradicionales, y disponerlos de una forma más personal. Los fabricantes de cuartos de baño ofrecen actualmente gran variedad de conjuntos, que pueden satisfacer todos los gustos. Por ello, el encontrar algo un poco original no resultará excesivamente difícil, si desea este estilo de cuarto de baño. Una vez más, la decoración general del cuarto puede ayudar a reforzar este aspecto y lograr una atmósfera moderna. Es bueno consultar las revistas especializadas sobre las últimas tendencias de color. La decoración también juega un papel importante para unir los diferentes elementos de la habitación en un único conjunto.

Tradicional

Los conjuntos tradicionales de sanitarios de un cuarto de baño reflejan una cierta época. Los conjuntos resultan frecuentemente más decorativos que sus correspondientes modernos y los accesorios, tales como los grifos, pueden ser realmente ornamentales. Pueden combinarse muebles tradicionales, como armaritos, con este tipo de conjunto de aparatos para mejorar el aspecto general, haciendo énfasis en el mobiliario y en lograr una atmósfera de confort.

ARRIBA DERECHA: *Un panel de madera en el centro crea una disposición inusual, pero muy efectiva.*

DERECHA: *El espejo ornamental, los tonos verdes intensos y las cortinas decorativas forman en conjunto un cuarto de baño de estilo de época, con un acabado realmente elegante.*

ABAJO: *Los diseños innovadores de cada rincón de este cuarto de baño consiguen un aspecto ultramoderno, a la vez funcional y de gran impacto estético.*

De diseño

"De diseño" es una expresión relativamente reciente que se refiere a un acabado ultramoderno. Éstos pueden llegar a cortar la respiración y a dar un aspecto muy individual. Este tipo de cuarto de baño es, usualmente, limpio, fresco y minimalista. El mantenimiento de un cuarto de baño así puede ser difícil en un hogar familiar con mucha gente, por lo que debe considerar cuidadosamente si se trata de la solución apropiada para sus necesidades, antes de hacer la elección final. Los sanitarios de diseño suelen además ocupar el rango superior de la escala de precios del mercado. Sin embargo, el éxito de este tipo de cuartos de baño puede apoyarse con frecuencia en detalles interesantes de la habitación, tanto como en el conjunto de sanitarios. Por ello, aun con limitaciones presupuestarias puede conseguir el aspecto deseado, o algo similar.

planificación del cuarto de baño

Al igual que con todos los procedimientos de planificación e instalación, es de la mayor importancia el medir cuidadosamente todo lo necesario, para conseguir el resultado que se espera. Esto es particularmente cierto en el caso de los cuartos de baño, puesto que el espacio del que se dispone es limitado y por tanto hará falta saber de cuánto sitio se dispone a la hora de instalar los nuevos elementos. Asegúrese de medir cada hueco y cada pared para poder elaborar un plano exacto a escala que le permitirá tomar las decisiones apropiadas.

Medición de una habitación

El diagrama de abajo es un buen ejemplo de un plano a escala de un cuarto de baño. Aunque la habitación es sencilla en cuanto a forma, hay en ella una gran cantidad de puntos que deberán medirse. Tendrá que tener en cuenta, además de las dimensiones físicas, la posición de las tomas de corriente eléctrica, las de agua y las tuberías de desagüe, porque todo ello influirá en el nuevo diseño.

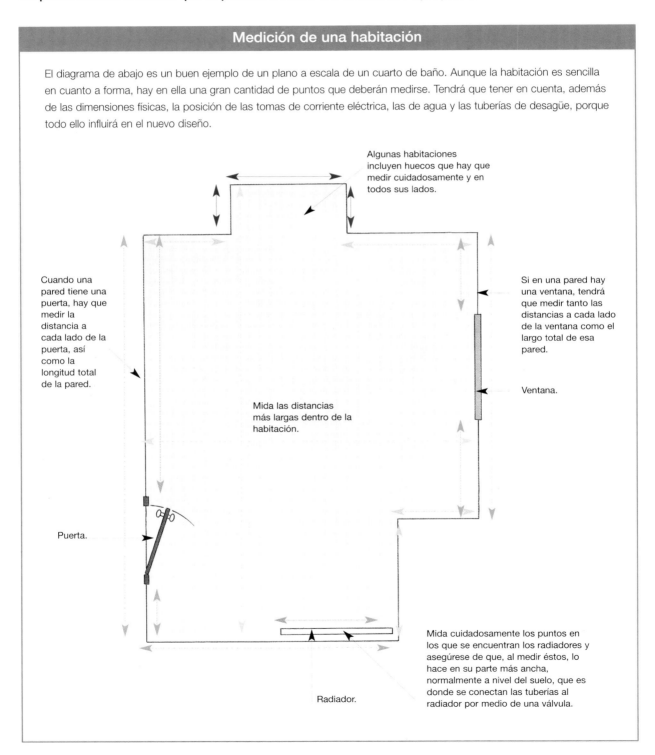

Algunas habitaciones incluyen huecos que hay que medir cuidadosamente y en todos sus lados.

Cuando una pared tiene una puerta, hay que medir la distancia a cada lado de la puerta, así como la longitud total de la pared.

Si en una pared hay una ventana, tendrá que medir tanto las distancias a cada lado de la ventana como el largo total de esa pared.

Ventana.

Mida las distancias más largas dentro de la habitación.

Puerta.

Mida cuidadosamente los puntos en los que se encuentran los radiadores y asegúrese de que, al medir éstos, lo hace en su parte más ancha, normalmente a nivel del suelo, que es donde se conectan las tuberías al radiador por medio de una válvula.

Radiador.

De la misma forma que tendrá que llevar a cabo las mediciones que se indican en el apartado anterior, también deberá prestar atención a los puntos siguientes, teniendo siempre presente que cada habitación tiene sus propias características que habrá que tener en cuenta a la hora de planificar un cuarto de baño nuevo.

• ¿Cuál es la altura del alféizar de la ventana y puede esto causar un problema a la hora de instalar algún sanitario bajo esa ventana?

• ¿Se puede abrir y cerrar fácilmente la ventana si se instala una bañera o un lavabo delante de ella?

• ¿El suelo es de cemento? Si así es, no se podrán instalar cables o tuberías debajo de él.

• ¿El suelo es de tarima y permite un fácil acceso para modificar el recorrido de cables o tuberías por debajo de las tablas?

• ¿Hay posibilidad de acceder fácilmente a la parte de encima del cuarto de baño, de manera que se puedan hacer nuevas instalaciones de cables para hacer frente a posibles necesidades de iluminación?

• ¿El suelo de esta habitación tiene algún escalón o está a dos niveles?

• ¿Hay en el cuarto alguna llave de paso?

• ¿Hay ya algún sistema de extracción del aire o hay que instalar uno nuevo?

• ¿Está el extractor en la ubicación óptima o hay que cambiarlo de sitio?

• ¿La habitación tiene alguna característica o peculiaridad, como por ejemplo huecos o arcadas, a los que se les pueda sacar partido en el nuevo diseño del cuarto de baño?

• ¿La puerta del baño se abre hacia dentro o hacia fuera?

• ¿Las medidas tomadas de la puerta incluyen o no el dintel?

• ¿El suelo está bien nivelado y puede ello dificultar la instalación bien nivelada de algún sanitario?

• ¿Se ha utilizado la habitación para algún otro uso? Si es así, puede haber enchufes que haga falta cambiar.

• ¿Se pueden cambiar los viejos sanitarios por otros nuevos sin realizar grandes cambios en las tomas ya existentes de agua o desagües?

• ¿Se pueden ocultar o camuflar las nuevas tomas detrás de los muebles de baño?

• ¿Es muy difícil quitar los antiguos sanitarios de un baño y cabrán los nuevos por la puerta?

Tamaño de los muebles y accesorios

Los fabricantes de suministros producen los elementos y sanitarios de acuerdo con un sistema estandarizado de medidas para facilitar la planificación e instalación de los mismos. Sin embargo, al hacer un plano a escala asegúrese de usar las dimensiones específicas de un fabricante en concreto, ya que puede haber pequeñas variaciones entre ellos. Además, algunos sanitarios se pueden combinar con una gran variedad de elementos de otras líneas; otros en cambio sólo se combinan con los de ese mismo modelo.

Consejos profesionales

• Calefacción: Asegúrese de hacer una cierta provisión para radiadores o toalleros. Lo normal es que alguno o los dos de estos elementos se incluyan en casi todos los baños.

• Espejos: Planifique bien el proyecto para que quepa bien un espejo de buen tamaño, un accesorio esencial en cualquier baño.

• Acceso: Los cuartos de baño necesitan gran cantidad de tuberías y es importante que éstas sean accesibles en caso de emergencia. Las operaciones de panelado o cajeado deberán hacerse teniendo esto en cuenta, para que las tuberías se puedan inspeccionar en caso necesario.

Preparación de un plan

No se puede exagerar la importancia de realizar mediciones lo más exactas posible y es esencial que se realice un plano a escala para garantizar que cualquier elemento que se planea incluir encajará bien en el espacio disponible. Este plano deberá tomar en consideración todas las cuestiones y consideraciones enumeradas en el apartado anterior y en éste, así como los puntos cubiertos en las páginas 12 y 13 sobre la forma del cuarto.

Una vez que se tienen todas las medidas, use un papel milimetrado para dibujar un plano preciso del cuarto a la altura de la cabeza. Esto será de mucha utilidad al diseñar la nueva distribución del baño. Algunos fabricantes incluyen plantillas de

papel de sus productos para que usted pueda decidir fácilmente cuál es el mejor formato.

Si usted mide el baño con la ayuda de un montador o de un comerciante, recuerde que éstos suelen ofrecer un servicio de planos que proporcionan un detallado dibujo a escala del cuarto de baño, que incluye además algunos alzados. Este plano le dará una idea mucho más aproximada de cómo quedará el nuevo baño. Estos profesionales también le pueden asesorar sobre el proceso de planificación a la hora de instalar un conjunto de sanitarios, por lo que siempre es aconsejable hacer uso de estos servicios, incluso cuando usted no compra todos los productos que recomienda el profesional.

Recuerde también que las exposiciones de productos para cuartos de baño siempre muestran los elementos combinados en diferentes estilos, y esto puede ayudar a tener una idea más precisa sobre cómo quedaría un determinado modelo en nuestro cuarto de baño; estas exposiciones son pues de gran ayuda para conseguir el aspecto más apropiado para nuestro cuarto de baño.

elección de estilo

La elección de elementos para un cuarto de baño es en muchos aspectos parecido a escoger mobiliario para la casa, en el sentido de que el conjunto de sanitarios no juega un papel en la estructura de la casa: su elección de modelo de sanitario puede basarse puramente en razones de preferencia estética. Hay muchas posibilidades a su disposición y es importante estar al tanto de la manera en que los diferentes estilos de sanitarios pueden ajustarse a sus condiciones particulares. Aquí se muestran unos cuantos diseños sencillos que aparecen en casi todos los baños.

Muebles

Los muebles de baño proporcionan espacio para guardar cosas y alojar alguno de los elementos sanitarios para crear un aspecto integrado. Existe una gran variedad de puertas de armario y frontales de cajones, dentro de la que podemos escoger los que instalaremos sobre una carcasa del mueble.

Toalleros con calefacción

Los modernos toalleros se diseñan para que ocupen poco espacio. La opción de acabado más popular es el cromo, aunque también los hay más llamativos. Los toalleros tradicionales son los más apropiados para cuartos de baño más clásicos, y se puede añadir a las tuberías un pequeño radiador con forma de toallero.

Bañeras

Bañeras clásicas

Las bañeras de estilo clásico son la opción más tradicional, y, aunque son muy caras, su renovada popularidad ha hecho que sus precios sean más competitivos.

Bañeras estándar

Las bañeras de este tipo son las que ofrecen una mejor relación calidad precio, porque se fabrican en mayor número y todavía detentan la mayor porción del mercado.

Bañeras de esquina

Las bañeras de esquina son una alternativa a las otras más tradicionales y aportan un toque de lujo. Hay modelos más pequeños que sirven para cuartos de baño en los que el espacio es limitado.

Inodoros de cisterna alta y de cisterna baja

Los inodoros de cisterna alta se llaman así porque el deposito del agua se encuentra situado muy por encima del inodoro y conectado a éste por medio de un tubo bastante largo. Este diseño es bastante tradicional, pero se ha puesto de moda últimamente para aquellos cuartos de baño con un aspecto más nostálgico. Los inodoros con cisterna baja tienen ésta colocada por encima de la taza del inodoro pero no tan alta, y el tubo que los une no es tan largo como en el caso anterior. Para estos dos tipos de inodoro tendrá que tenerse en cuenta la disponibilidad de espacio libre en la pared para estos sanitarios de aire tradicional.

Inodoros de cisterna acoplada

Éste es el inodoro de diseño más moderno con la cisterna situada sobre la propia taza del inodoro y sin tubo de separación entre uno y otro. Este formato ocupa menos espacio y es además más fácil de instalar que los de cisterna alta y baja. Algunos fabricantes ofrecen cisternas que se pueden colocar en un rincón, de modo que el inodoro se puede instalar en el rincón y apuntando hacia el centro de la habitación, lo que supone una opción interesante, además de ahorrar espacio.

OPCIONES DE COLORIDO

Los conjuntos de saneamiento se fabrican en un colorido muy extenso, además del blanco. Sin embargo, aunque un determinado color puede ser muy apropiado en un caso concreto, recuerde siempre que el color blanco soporta bien los cambios de las modas y combina bien con todos los estilos decorativos. El blanco es además el que probablemente disuadirá menos a los posibles futuros compradores de su casa.

Existen básicamente dos diseños de bidé: con la entrada de agua por el borde y con la entrada de agua mediante un grifo. Estos últimos requieren procedimientos de instalación más sencillos.

Lavabos de pie

Los lavabos de este tipo son muy populares, porque el pie tiene la doble ventaja de servir para camuflar las tuberías y al mismo tiempo ayudar a soportar el peso del lavabo.

Lavabos fijados a la pared

Este tipo de lavabos se basa en enormes tornillos fijados a la pared, que son los que soportan su peso. En el caso de estos lavabos, ocultar las tuberías puede resultar un poco difícil, pero el aspecto final del elemento ya instalado hace que valga la pena el trabajo que se le ha dedicado.

Lavabos de esquina

Los fabricantes producen también lavabos de esquina que ahorran espacio y que, como el de la figura, suponen una buena solución para espacios pequeños.

elección de accesorios

Una vez que se han escogido los elementos grandes que componen casi la totalidad del conjunto de sanitarios, se puede pasar a elegir los accesorios y complementos más pequeños, como es el caso de los grifos, estantes y toalleros. Muchos fabricantes de saneamiento recomiendan modelos concretos de accesorios y grifos para combinar con modelos concretos de saneamiento, pero siempre se pueden escoger otras opciones, siempre que haya garantía de compatibilidad. Esto es particularmente importante en el caso de los grifos, porque pueden variar mucho de unos modelos a otros.

Grifos

Todos los aspectos de los grifos son importantes a la hora de escogerlos correctamente: su funcionalidad, calidad y precio, porque es tan extenso el surtido disponible que en ocasiones resulta difícil decidirse. El punto de partida es siempre reducir el número de posibles grifos a aquellos que sean compatibles con sus sanitarios. Es en este punto en el que se pueden hacer las comparaciones finales, así como analizar las preferencias y tener en cuenta la idoneidad de cada uno de ellos.

Los acabados de los grifos van desde el cromo, con efectos de oro chapado, hasta el metal macizo, y la calidad se refleja generalmente en el precio. Recuerde también que necesitará escoger los componentes del sumidero, y la cuestión importante es si escoger o no un tapón automático de varilla o el tradicional de cadena y tapón. El estilo y acabado del sumidero deberá estar en consonancia con el de los grifos. A continuación se muestran algunos modelos de grifos y sumideros.

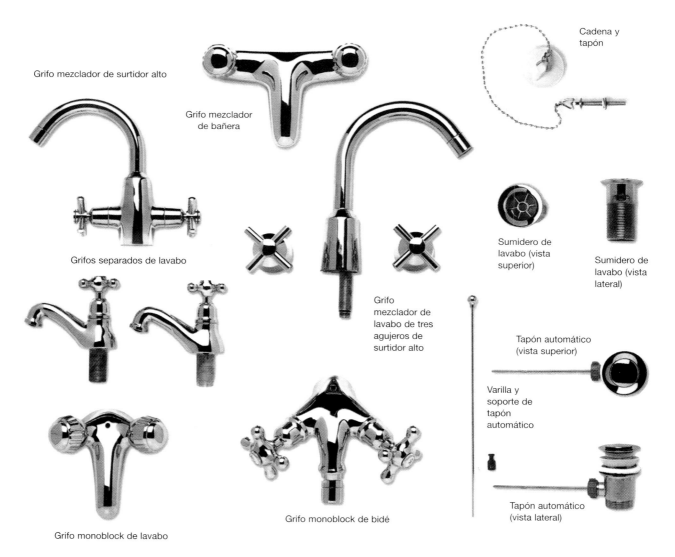

Grifo mezclador de surtidor alto

Grifo mezclador de bañera

Cadena y tapón

Grifos separados de lavabo

Grifo mezclador de lavabo de tres agujeros de surtidor alto

Sumidero de lavabo (vista superior)

Sumidero de lavabo (vista lateral)

Tapón automático (vista superior)

Varilla y soporte de tapón automático

Tapón automático (vista lateral)

Grifo monoblock de bidé

Grifo monoblock de lavabo

Los accesorios de cuarto de baño se venden a menudo por conjuntos completos, de forma que se obtiene el esperado aspecto armonioso. Aunque estos accesorios son generalmente los últimos elementos que se instalan al hacer una renovación, es importante hacer la elección en una fase inicial, para poder tener una representación mental de cómo quedará el cuarto de baño y cómo se coordinarán los sanitarios y accesorios. Aunque todos estos elementos tienen una función práctica que desempeñar, el apartado estético es muy importante para el impacto decorativo del baño. En muchos casos, un diseño minimalista es la opción más acertada, pero otros estilos más ornamentales pueden dar un nuevo aire a un cuarto de baño, si se desea algo más espectacular. En la figura aparecen dos ejemplos de toalleros sin calefacción que aparecen generalmente encima de algún radiador; los toalleros con calefacción aparecen en las páginas 26-27.

OTROS ACCESORIOS

• **Armaritos:** Es muy habitual incluir un armarito para guardar productos de aseo a la hora de diseñar un cuarto de baño. Este pequeño armario puede servir también para guardar medicinas, en cuyo caso deberá estar fuera del alcance de los niños o cerrado con llave por razones de seguridad. Se muestran algunos ejemplos de este tipo de armarios con más detalle en las páginas 74 y 75.

• **Elementos móviles:** Cuando se están escogiendo accesorios para cuarto de baño, necesitará dedicar alguna atención a si se incluyen o no elementos móviles en su proyecto de baño. De la misma forma que los otros accesorios, los elementos, como vasos y soportes para cepillos de dientes, se pueden comprar formando un conjunto coordinado. Hay otros accesorios móviles, como escobillas de inodoro, básculas de baño, o espejos independientes de la pared, que se pueden escoger para complementar otros componentes del cuarto de baño.

Soportes de cromo para sujetar un vaso de cristal y una jabonera.

Vaso de cerámica y soporte para vaso de cristal.

Toallero de anilla en cromo.

Soporte en cromo para el rollo de papel.

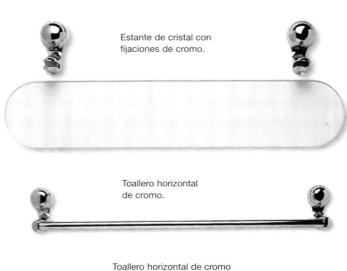

Estante de cristal con fijaciones de cromo.

Toallero horizontal de cromo.

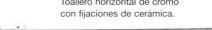

Toallero horizontal de cromo con fijaciones de cerámica.

Azulejo jabonera.

Jabonera de cerámica.

elección de una ducha

Las duchas se han convertido en una herramienta imprescindible del cuarto de baño moderno, ya esté como elemento separado o formando parte de la instalación completa del baño. La vida moderna hace que sea mucho más frecuente ducharse que tomar un baño, y también es mucho más ecológico porque se utiliza menor cantidad de agua. Todas estas ventajas se traducen en un aumento de la popularidad de las duchas, lo que también conduce a una mayor cantidad de innovaciones y más disponibilidad de modelos.

Tipos de duchas

Cuando se trata de decidir el tipo de ducha a instalar, su primera decisión deberá ser si es el modelo adecuado a su sistema de tuberías. Por ejemplo, muchas duchas funcionan por gravedad, lo que significa que habrá que instalar un depósito de agua, al menos a un metro de altura por encima del nivel de la ducha, para que haya la presión de agua necesaria. Se puede instalar una bomba adicional para tener una ducha potente, si se desea. Las duchas eléctricas son otra posibilidad y disponen de elementos independientes, también eléctricos, para calentar el agua de las tuberías. Además, los fabricantes desarrollan constantemente nuevos modelos. Siempre es aconsejable dejarse aconsejar por un profesional a la hora de escoger el material para una ducha, a fin de garantizar que instalará el sistema que mejor se ajuste a sus necesidades.

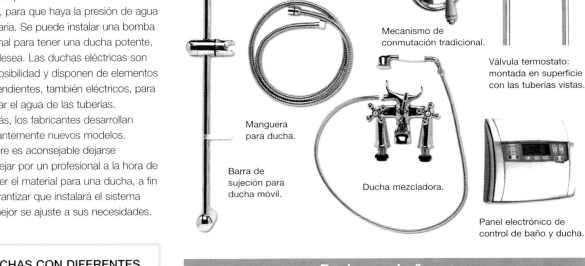

Ducha de múltiples funciones.

Ducha fija a la altura de la cabeza.

Mecanismo de conmutación tradicional.

Válvula termostato: montada en superficie con las tuberías vistas.

Manguera para ducha.

Barra de sujeción para ducha móvil.

Ducha mezcladora.

Panel electrónico de control de baño y ducha.

DUCHAS CON DIFERENTES FUNCIONES

Una consideración importante a la hora de escoger una ducha es si la alcachofa tiene diferentes funciones. Esto significa que el cabezal dispone de diferentes formas de expulsar el agua a través de los agujeros, variando la fuerza y la dirección del flujo.

Ducha de múltiples funciones

Ducha de una sola función

Duchas en bañeras

La forma más común de colocar una ducha es instalándola sobre la bañera; esta fórmula no sólo permite ahorrar espacio, sino que además aprovecha la instalación de desagüe de la bañera. Sin embargo, habrá que colocar una buena cortina de ducha o una pantalla para que no salpique sobre el suelo del cuarto de baño. Si se instala una ducha potente, hará falta una pantalla más grande porque la salpicadura será mayor.

DERECHA: *Una pantalla de ducha plegable permite acceder normalmente a la bañera cuando no se utiliza la ducha.*

Cuando se trata de duchas sencillas, sin combinar con una bañera, el conjunto de la instalación se aloja dentro de algún tipo de cabina. Éstas varían mucho en diseño, al igual que los platos de ducha. En la mayoría de los casos, existe una determinada forma de plato pensada para encajar en un determinado hueco, o cabina, pero además tendrá que decidirse la profundidad del plato. Por ejemplo, un plato poco profundo queda mejor que uno de más profundidad, pero significará que las tuberías de desagüe tendrán que estar por debajo del nivel del suelo, y usted tendrá que sopesar si esto es apropiado o posible en el caso de su cuarto de baño. Otra consideración importante, si se opta por una ducha potente, es que el plato y la cabina sean lo suficientemente resistentes para soportar la alta presión del agua. Estas duchas expulsan más agua y más rápidamente que las duchas convencionales, por lo que el plato se llenará antes; a no ser que la capacidad de desagüe sea mayor y el agua se pueda evacuar correctamente. Por otra parte, habrá también que aislar mejor la cabina para que el rebote del agua de la ducha cayendo sobre el plato no dé lugar a fugas.

Entrada en chaflán: puerta de bisagras sobre plato pentagonal.

Entrada en chaflán: puerta deslizante.

Entrada lateral: puerta pivotante.

Entrada lateral: puerta que se pliega.

Plato y cabina de forma cuadrangular.

Cabina de tres lados con puerta pivotante.

Plato de ducha de resina con ondulaciones.

Plato de ducha acrílico con el fondo elevado.

Plato de ducha de esquina en resina (pentagonal).

Si se instala una ducha sobre una bañera, hará falta algún tipo de protección para que el agua que cae desde la ducha no llegue hasta el suelo. Colocar una cortina de ducha sería una de las soluciones más comunes, sobre todo porque la cortina se puede correr hacia un lado cuando no se emplea, y porque es relativamente barata y fácil de sustituir. Las pantallas de ducha son una solución más resistente, son fáciles de limpiar y no hace falta cambiarlas tan a menudo como las cortinas. Hay pantallas de muchas clases, diseños y formas de fijación: la cuestión más importante es si se desea instalar una pantalla fija o una plegable.

Pantalla diáfana con bisagras

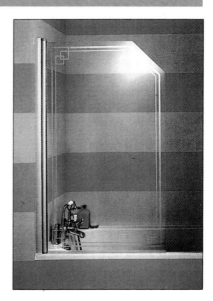

Pantalla con dibujo y bisagras

orden de los trabajos

Para llevar a cabo cualquier trabajo de arreglos del hogar, hace falta contar con cierto sentido del orden en el trabajo, de modo que las tareas se completen de acuerdo a un patrón común y de la forma más rápida y eficaz posible. Puesto que los cuartos de baño forman parte de la vida de cada día, es importante planificar los acontecimientos cuidadosamente, de forma que se causen las menores molestias en la actividad de cada día. Hará falta considerar un cierto número de factores si desea que el proceso de renovación sea lo más llevadero y eficiente posible.

Preparación del presupuesto

La compra de materiales y elementos sanitarios para un cuarto de baño nuevo puede ser fácil de presupuestar, dado que el fabricante puede proporcionar precios cerrados. No obstante, por encima de este coste básico deben considerarse todos los extras que se exponen a continuación, que pueden aumentar su presupuesto significativamente:

- Contratación de profesionales (por ejemplo para la conexión y desconexión de agua, gas y electricidad).
- Redecoración general de la habitación: la mayor partida suele ser la colocación de azulejos.
- Colocación de nuevo material de suelo o restaurar una tarima.
- Trabajos estructurales a emprender en grandes renovaciones; por ejemplo un cambio de posición de paredes para la instalación de un cuarto de baño dentro de una habitación, construir un muro decorativo o tirar una pared para unir dos habitaciones.
- Encargo de los planos de arquitectura, si se realizan trabajos sustanciales de construcción que conlleven cambios estructurales.
- Añada un 10-15% por encima de su cifra final para tener en cuenta cualquier cambio no previsto o hacer frente a problemas que puedan aparecer tras el inicio de los trabajos.

Programación del trabajo

De principio a fin, la instalación de un baño puede durar más de lo que usted había pensado. Sin embargo, siempre que no se corte por un periodo prolongado el suministro de agua y los aparatos sanitarios se cambien en un día, el baño podrá utilizarse en las tareas esenciales, de modo que el funcionamiento del hogar siga su curso durante ese periodo de incomodidades. A efectos de planificación, es importante tener una buena idea de la escala de tiempos de todo el proyecto de renovación de la cocina. Los factores siguientes deben ser considerados al establecer una programación de los trabajos:

- Los fabricantes no podrán suministrarle sus elementos y accesorios el día siguiente a su pedido. En grandes proyectos en los que se acometa la instalación de un baño completo, es poco probable que el plazo de entrega sea inferior a cuatro semanas.
- La mayor parte de los fabricantes le darán una indicación aproximada del tiempo de instalación necesario, pero conviene añadir siempre algunos días, para tener en cuenta posibles problemas.
- Tras la entrega, la mayoría de los baños se pueden instalar en una semana, pero el plazo real dependerá en gran medida del tamaño y la complicación de la disposición del cuarto de baño.
- Planifique dos o tres días de preparación, previos a la entrega (más si se requiere trabajo de construcción).
- Planifique una semana después de la instalación para la colocación del suelo y la decoración general.
- A los profesionales de los oficios se les llamará según el programa; es probable que el fontanero y el electricista deban realizar dos visitas: una para realizar la desconexión de cables o tuberías del baño antiguo; para ello, se deberá haber realizado un trabajo previo para establecer los nuevos trazados de las alimentaciones. Habrá una segunda visita para conectar el suministro a la finalización de la instalación; coordine los tiempos de sus tareas para encargar los trabajos de los profesionales con la antelación suficiente al momento en que los necesite.
- La eliminación de residuos es un trabajo que se infravalora con frecuencia, pero que debe tenerse en cuenta en la programación. Por ejemplo, probablemente necesitará alquilar un contenedor para evacuar los trozos y piezas del baño viejo; igualmente deberá deshacerse de los embalajes de los nuevos elementos.

Tratar con los profesionales

Debe tomar decisiones sobre el alcance de los trabajos que usted pretende hacer por sí mismo y sobre la áreas en que puede convenir la ayuda de un profesional. En un momento dado es probable que necesite ponerse en contacto con fontaneros y electricistas para tareas específicas. Tenga en mente los consejos siguientes cuando contrate profesionales y negocie un precio para el trabajo:

- Cuando elija a un profesional de un oficio, hágalo porque tenga alguna recomendación personal. La búsqueda en los anuncios clasificados es una receta segura para el desastre y debería evitarse.
- Trata de obtener un "precio" hay que tener cuidado con los comerciales que nos dan un "presupuesto" o "cotización", ya que la falta de exactitud del término da cabida a un aumento de la factura una vez concluido el trabajo, mientras que un "precio" inicial nos da seguridad para entender que ése será el precio final.
- La cifra del coste del trabajo a realizar no debe cambiar, salvo que usted modifique sus especificaciones.
- Obtenga un precio, no una estimación. Se debe mirar con precaución a los profesionales que dan estimaciones, ya que la vaguedad de este término puede permitir que se dispare la factura al final del trabajo. El término precio establecido inicialmente proporciona un acuerdo común de que se trata de la cifra final a pagar.
- No ofrezca el pago por adelantado, ya que puede llevar a que el profesional desatienda el proyecto. El pago a la finalización de los trabajos puede ser un incentivo a permanecer en el sitio.
- Sin embargo, si hay que comprar materiales caros, es aceptable que el profesional espere que estos costes se abonen antes de la instalación.
- Como se ha indicado anteriormente, para desconectar las tuberías del viejo cuarto de baño y volver a conectarlas cuando esté acabado el nuevo, se necesitarán profesionales; cuando concierte el precio deje claro que se requerirán dos visitas.
- Cuando contrate a un profesional, trate de obtener todo el consejo posible sobre los trabajos preparatorios previos, para que su trabajo sea lo más efectivo posible cuando lleguen.

Tratar con fabricantes

Los fabricantes sólo están relacionados con un proyecto de renovación de cuarto de baño en fases anteriores a la de instalación: durante el diseño o la selección del estilo decorativo, aunque a veces pueden contratarse para el montaje del nuevo cuarto de baño. Cuando trate con un fabricante para finalizar el diseño de su baño, negociar un precio u organizar las entregas, considere los aspectos siguientes:

- Tal como se ha discutido en las páginas 14-25, es necesario hacer una medición precisa, para poder obtener, para su uso y el del fabricante, un plano detallado sobre el que poder decidir la disposición y el aspecto final de su nuevo baño.
- Asegúrese desde el inicio de que los aparatos y accesorios elegidos encajan en su diseño.
- Los representantes de ventas están generalmente bien cualificados y prestan un buen servicio, pero recuerde que hay que verificar que no hay extras escondidos en la especificación de un baño, y que el precio dado incluye todos los componentes necesarios. Por ejemplo, verifique que los zócalos, cornisas y paneles laterales están incluidos en el precio y que los tiradores de puertas y cajones no son un extra.
- Muchos fabricantes le tentarán con ofertas, proporcionándole artículos gratis en función del dinero que gaste. Esto puede obviamente ser una ventaja; sin embargo, compruebe que el precio inicial de los elementos no ha sido inflado artificialmente para tener en cuenta estos "regalos" y asegúrese de que dichos artículos corresponden a las especificaciones correctas para sus necesidades.
- Si usted contrata al fabricante para la instalación del cuarto de baño, le darán un precio en el momento en que realiza el pedido. Este precio es, normalmente, competitivo, ya que forma parte de un paquete completo. Sin embargo, no está de más pedir otra oferta con sus especificaciones a un contratista independiente para poder compararla con la del fabricante.
- Una vez alcanzado un acuerdo, confirme la fecha de entrega. Es posible que compre un baño que no está en almacén, y eso conllevaría un plazo mayor entre la compra y la entrega de los elementos y accesorios.
- Cuando le entreguen los elementos y accesorios se sorprenderá de la cantidad de piezas suministradas para un cuarto de baño completo. Verifique varias veces la entrega, para asegurarse de que ha llegado todo y, lo más importante, que no hay piezas dañadas, para poder comunicarlo inmediatamente al fabricante.

herramientas y materiales

En los trabajos de bricolaje es indispensable disponer de un juego de herramientas básico. Deberá incluir las herramientas específicas y de construcción en general apropiadas para el número de tareas previsibles en la casa. En el caso concreto del trabajo en los baños, este conjunto de herramientas debe incluir artículos directamente relacionados con el entorno de la renovación de cuartos de baño; por ejemplo, seguramente tendrá que tener las herramientas necesarias para llevar a cabo trabajos menores de fontanería. También tendrá que adquirir algunos materiales de construcción.

Herramientas de carácter general

Siempre es mejor elegir herramientas de calidad cuando se está intentado reunir un conjunto básico para trabajos generales, porque seguramente éstas serán las herramientas de uso más frecuente. Sin embargo, no siempre el gastar un poco más es garantía de que vayan a durar más, pero sigue siendo una opción mejor el gastar un poco más, con preferencia sobre la de comprar las más baratas, que casi seguro que no soportarán el paso del tiempo.

Martillo de uña

Lezna

Puntero

Detector de tuberías, viguetas y cables

Destornilladores planos

Destornilladores de estrella

Fundas aislantes

Mazo

Escoplo con protección

Combinación de alicates

Alicate universal

Alicate de puntas

Lima de media caña

Formones de uso general

Nivel

Taladro sin cable

Cinta métrica

Lápiz de carpintero

Dispensador de sellador

Escalera

Escuadra

Sierra de metales

Mordaza

Serrucho

Paleta

Cuchillo o cúter

Sierra de ingletes

Cubo de plástico

Banco de trabajo

Herramientas eléctricas

El mercado de las herramientas crece continuamente y los precios han bajado últimamente. Por tanto, vale la pena formar un buen conjunto de herramientas eléctricas, especialmente si usted se propone hacer algo más que algún trabajillo ocasional. Aquí se presentan algunas de las herramientas más prácticas y que conviene tener, aunque usted también puede adquirir otras herramientas que le permitirán realizar numerosos trabajos de cortado o colocación de elementos en su casa.

Taladro eléctrico

Sierra de calar

Desbastadora

Lijadora

ALQUILER DE HERRAMIENTAS

Algunas tareas específicas pueden necesitar el uso de herramientas industriales muy caras; alquilarlas es generalmente la mejor solución. Este área es un sector creciente del mercado del bricolaje, y cada vez hay más tiendas para proporcionar herramientas de alquiler tanto a los entusiastas de esta actividad, como a los profesionales de siempre.

Herramientas de fontanería

Es mejor comprar sólo las herramientas básicas que se necesitarán para hacer los trabajos generales de fontanería con los que se encontrará al hacer la renovación de un cuarto de baño. No debe emprender trabajos de fontanería si no está seguro de conocer los procedimientos correctos a seguir, y lo mejor es buscar asesoramiento profesional si tiene alguna reserva.

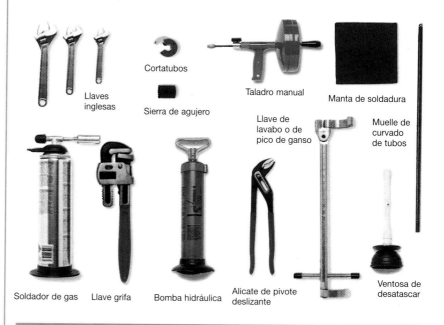

Cortatubos

Llaves inglesas

Sierra de agujero

Taladro manual

Manta de soldadura

Llave de lavabo o de pico de ganso

Muelle de curvado de tubos

Soldador de gas   Llave grifa   Bomba hidráulica   Alicate de pivote deslizante   Ventosa de desatascar

Materiales

Los materiales habría que comprarlos siempre de acuerdo con sus características para realizar trabajos concretos, pero algunos productos deben tenerse siempre a mano, ya que se utilizan mucho en trabajos de renovación de baños o proyectos de reparación. Este lote de materiales básicos se puede ampliar en consonancia con el trabajo específico que se va a llevar a cabo.

Madera blanda preparada

Tablero de densidad media

Taco de lijado

Tacos de pared

Caja de accesorios

Sellador de silicona

Cola de madera   Cinta de sellado

Ácido para soldar

Disolvente de pegamentos

Cinta de carrocero

Alambre de soldadura

instalación de cuartos de baño

La instalación de cuartos de baño, con todos los aparatos y accesorios importantes, requiere cierta habilidad. Probablemente habrá trabajos para los que deberá contar con el consejo de un profesional, pero, en lo referente a la mayor parte de las tareas básicas, los trabajos a realizar son sencillos, siempre que se siga el orden correcto y se utilicen las técnicas apropiadas. En este capítulo se indican los diversos tipos de tuberías y sanitarios que probablemente pueda encontrar y muestra las mejores técnicas para la instalación de una amplia variedad de aparatos. Asegúrese de planificar detalladamente todas las tareas, de modo que disponga de las conexiones adecuadas para la instalación de un elemento particular antes de comenzar.

Los aparatos sanitarios del cuarto de baño, como la bañera y el inodoro mostrados aquí, necesitan montarse, y a continuación colocarse y hacer las conexiones de fontanería.

preparación del cuarto de baño ⁄⁄⁄⁄

La cantidad de trabajo de preparación necesario dependerá de si usted pretende cambiar el conjunto de aparatos y muebles del baño, o tan sólo uno o dos elementos. En cualquiera de los casos tendrá que cortar el suministro de agua mientras realiza el cambio. Cuando la posición de los aparatos debe cambiarse radicalmente con relación a la disposición existente, también tendrá que cambiar el trazado de las tuberías (véanse también las páginas 40-43). Sin embargo, lo primero que hay que hacer es cortar el agua y retirar los sanitarios antiguos.

Herramientas para el trabajo

Destornillador

Llave de lavabo

Llave inglesa

Aislamiento del suministro

Antes de embarcarse en cualquier renovación del cuarto de baño es fundamental que conozca perfectamente cómo se puede aislar el suministro de agua. Todas las casas disponen de llaves o válvulas para cortar rápidamente el agua en caso de emergencia, o, simplemente, para cambiar aparatos. Las casas viejas suelen tener menor número de válvulas de aislamiento que las modernas, en las que la mayoría de los aparatos tienen válvulas de aislamiento cerca de su lugar de instalación, con lo que pueden ser aislados del resto del suministro de agua.

Las llaves de paso, o válvulas de compuerta o de aislamiento, no son sino grifos utilizados para abrir o cerrar el suministro de agua. Se sitúan en diversos lugares a lo largo de las tuberías de suministro, con las válvulas principales de aislamiento situadas cerca de la entrada del suministro de agua a la casa, a menudo bajo el fregadero de la cocina. Cerrando ésta, se corta el suministro general de agua fría. En muchos casos hay también un depósito de almacenamiento de agua caliente. Tendrá que localizar la válvula de aislamiento de la entrada y/o de la salida del tanque, con objeto de no tener que vaciar todo el sistema de agua caliente.

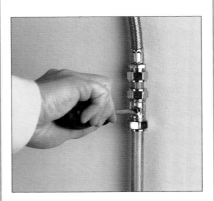

Las válvulas de corte se sitúan siempre cerca de los aparatos, pero la forma de abrirlas o cerrarlas varía, según los casos. En algunos casos, como el de la figura, las llaves de paso se abren o cierran con ayuda de un destornillador plano. Algunos diseños de válvula llevan una pequeña llave que hace innecesario el uso del destornillador.

✋
Consejo de seguridad

Si tiene alguna duda sobre el manejo de las llaves de paso, pida consejo profesional.

Desconexión de lavabos

1 Corte el suministro de agua al lavabo. A continuación abra los grifos de agua caliente y fría, para permitir el drenaje del agua que pudiera haber quedado en el interior. Use una llave para lavabos a fin de desenroscar las uniones de los grifos al suministro de agua.

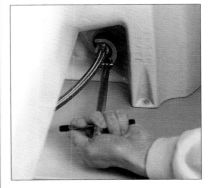

2 Si está sustituyendo el lavabo completo, no es necesario desmontar los grifos, por lo que puede pasar al paso número 3. Si sólo está cambiando los grifos, utilice una llave de lavabo para soltar las tuercas de fijación de la parte trasera de los grifos. Esto liberará los grifos de su posición fija en el lavabo.

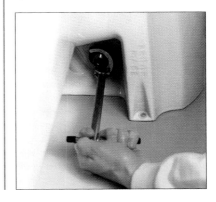

3 Desconecte el lavabo de la tubería de desagüe, desenroscando el sifón. Los diseños varían en los diferentes lavabos, pero, generalmente, los sifones están unidos mediante una serie de uniones roscadas. Siempre se puede encontrar una unión fácil de desenroscar.

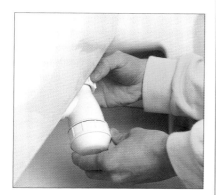

4 Desenrosque los tornillos de retención que fijan el lavabo a la pared. Normalmente están situados en la parte inferior del lavabo. Si éste tiene pedestal, soportará su peso mientras ejecuta este procedimiento. Un lavabo adosado a la pared está sostenido por soportes; si no fuera así, busque la ayuda de un asistente que sujete el lavabo mientras realiza la suelta de los tornillos de anclaje.

Desconexión de inodoros

La técnica de desconexión del inodoro variará ligeramente según los modelos; no obstante, de nuevo, lo más importante es cerrar el suministro de agua a la cisterna, antes de comenzar

el trabajo. En este ejemplo, se procede a retirar un inodoro con cisterna acoplada.

1 Cierre el suministro de agua y descargue la cisterna, quitando toda el agua contenida, antes de soltar la tubería de suministro.

2 Desenrosque las tuercas de retención de la parte inferior de la cisterna y que sujetan a ésta en su posición sobre la taza.

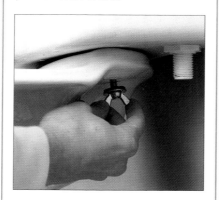

3 Si es necesario, suelte los tornillos de fijación de la parte posterior de la cisterna a la pared.

4 Levante la cisterna, liberada de la taza, y colóquela a un lado. Tenga cuidado al levantarla, ya que puede pesar bastante.

5 Desenrosque los tornillos o tuercas de retención de la base de la taza. Ahora puede quitarse el inodoro viejo y colocar el nuevo en su lugar, tapone provisionalmente la tubería de salida, con objeto de evitar la emanación de gases del sistema de desagüe.

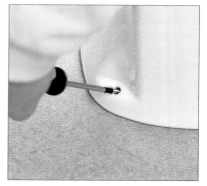

DESCONEXIÓN DE BAÑERAS

La desconexión de las bañeras se asemeja a la explicada para los lavabos. Comience por cerrar las llaves de paso de agua. Desconecte a continuación las tuberías de agua y desagüe. Las bañeras con pies pueden tener que destornillarse del suelo y, en ocasiones, habrá que soltar el bastidor de sujeción del panel lateral de la bañera para poder facilitar la retirada de ésta. Las bañeras pueden ser realmente pesadas, especialmente los tipos antiguos de fundición, por lo que se necesitarán dos personas para levantarla, tras su desconexión.

preparación de tuberías y cables 〃〃

Cuando se pretenda la instalación de los sanitarios en un lugar diferente del que ocupaban, tendrá que modificar el recorrido de los suministros. Por tanto, es necesario tener algunos conocimientos de los diversos tipos disponibles de tuberías, así como de las diversas formas de unión. Antes de embarcarse en trabajos de tuberías, cierre el suministro de agua y drene las tuberías. En lo que se refiere al suministro eléctrico, el cuarto de baño no suele requerir revisiones importantes del sistema eléctrico, aunque puede necesitarse la modificación del trazado de algunos cables.

Corte de tuberías de cobre

Herramientas para el trabajo

Cortador de tubería, cortatubos

Esponja metálica

1 Una fijamente el cortador de tuberías al tubo y hágalo girar en el sentido de la flecha hasta cortar el tubo en su totalidad. También puede usar para ello, si lo desea, una sierra de metales, pero el cortatubos ofrece un corte más limpio.

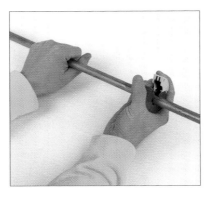

2 Limpie la tubería con una esponja de alambre antes de proceder a cualquier conexión.

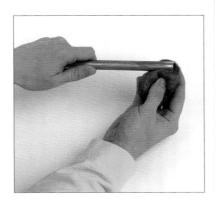

Conexión de tuberías de cobre

Hay diversas formas para conectar o unir dos tuberías de cobre. La más sencilla es la de insertar una junta a compresión.. Sin embargo, puede ser antiestética, si está en una posición en la que puede verse fácilmente. Los otros métodos conllevan una unión mediante soldadura, y el uso de un soplete a gas. Son algo más difíciles, pero producen un acabado más limpio.

Uniones a compresión

Las uniones a compresión son de fácil realización, ya que no conllevan el uso de sopletes a gas.

Herramientas para el trabajo

Llave inglesa

1 Separe las dos piezas del accesorio de unión, e inserte cada una de ellas en uno de los extremos de las tuberías a unir. Para comenzar, coloque las piezas a mano con fuerza, con las olivas (aros metálicos) sobre el tubo, en el interior del accesorio.

👍 Consejos profesionales

Los accesorios de unión de tuberías pueden tener formas muy diferentes, como, por ejemplo, codos, tes, etc., lo que hace posible modificar cualquier trazado de tuberías.

2 Use llaves inglesas para apretar la unión, haciendo que las secciones roscadas aprieten las olivas, produciendo un sellado estanco.

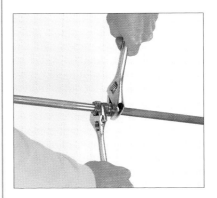

Uniones de anillo de soldadura

Las uniones de anillo de soldadura son las más sencillas de realizar, ya que el material de aporte se encuentra dentro del accesorio de conexión.

Herramientas para el trabajo

Soplete o soldador a gas

Manta para soldadura

1 Aplique ácido de limpieza (flux) a los extremos de las tuberías a unir y dentro del accesorio de conexión. El ácido ayuda a la limpieza del cobre y a lograr una junta estanca.

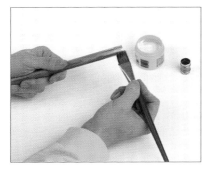

2 Introduzca ambos extremos de tubo en el accesorio de conexión. Manteniendo la tubería sobre una manta resistente al calor, utilice un soplete a gas para calentar suavemente la conexión, permitiendo que se funda el material de aportación del anillo, formando un sellado estanco.

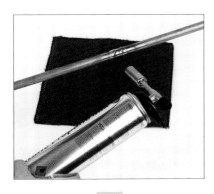

Consejo de seguridad

Siempre que utilice un soplete o soldador a gas siga atentamente las instrucciones del fabricante para su uso seguro. No debe nunca dejar desatendido un soplete con llama, y la manta resistente al calor debe situarse junto a la unión, para evitar que las superficies adyacentes ardan o se chamusquen.

Uniones con aportación en los extremos

Otro tipo de unión soldada es la denominada con aportación. No contiene en su interior un anillo de material de aportación, por lo que el material de soldadura debe aportarse durante el proceso de calentamiento mediante el soldador a gas. Aún hay que utilizar ácido para la limpieza de los extremos del tubo, pero hay que aplicar alambre de soldadura a la junta para crear un cierre estanco.

Conexión de tuberías de plástico

Las tuberías de plástico suelen ser de muy fácil unión, ya que suelen llevar juntas de empuje o roscadas con arandelas de junta de plástico. Sin embargo, a veces hay que realizar uniones con soldadura por disolvente que se forman usando un cemento especial para unirlas.

Herramientas para el trabajo

Sierra de metales o serrucho

Trapo

1 Corte la tubería al tamaño conveniente, mediante sierra de metales o serrucho, y limpie los extremos minuciosamente.

2 Aplique cemento para soldadura como disolvente alrededor del extremo de la tubería. Empuje el extremo del tubo en el accesorio de conexión adecuado. Elimine el exceso de cemento con un trapo, y permita que seque la unión antes de continuar con la siguiente sección.

Modificación del recorrido de cables

En paredes huecas u oquedades de falsos techos puede ser fácil montar los cables en la posición deseada, pero en paredes macizas puede ser un proceso más laborioso.

Herramientas para el trabajo

Mazo

Escoplo con proyección

Martillo

Equipo de protección

1 Dibuje unas líneas a lápiz como guías del recorrido del cable. Use un mazo y un escoplo para abrir una roza en la pared, hasta una profundidad de unos 2,5 cm.

2 Coloque bien el cable por debajo del nivel de la superficie de la pared. Cúbralo con un canal rígido de plástico, resistente a impactos, sujeto con clavos galvanizados. Aplique entonces un acabado superficial de tipo enlucido.

tuberías de plástico

A pesar de que las tuberías de cobre son las más utilizadas para el suministro de agua a las casas, las tuberías de plástico se están convirtiendo en algo mucho más frecuente, debido a la manera en que se pueden unir, lo que hace que sean mucho más fáciles a la hora de trabajar con ellas. Las tuberías y accesorios pueden variar ligeramente entre fabricantes, por lo que es mejor usar el mismo tipo de tuberías de plástico en toda la casa. Sin embargo, todos los fabricantes producen adaptadores para unir sus tuberías con las de cobre más habituales.

Herramientas para el trabajo

Cortatubos o sierra de metales pequeña

Llave inglesa

Destornillador

Taladro/destornillador sin cable

Corte y unión de tuberías de plástico

Antes de que pueda montar un sistema de tuberías de plástico para aportación de agua, deberá saber cómo realizar una simple unión o conexión entre dos tramos de tubería.

1 La tubería de plástico para suministro de agua puede cortarse con cualquier sierra de diente fino. Una sierra pequeña de metales puede resultar idónea. Alternativamente, puede comprar cortadores patentados. Cualquiera que sea la herramienta utilizada, trate de que el corte quede en ángulo recto. Elimine los bordes bastos con un papel de lija.

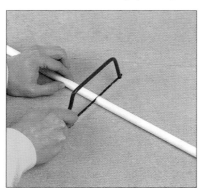

2 Empuje los dos extremos de tubería a unir dentro del conector hasta que no avancen más, asegurándose que ambos extremos quedan agarrados por los aros del interior del conector.

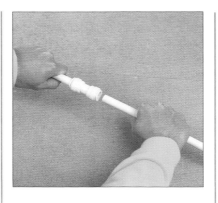

3 Estire hacia afuera de las tuberías, creando una junta estanca.

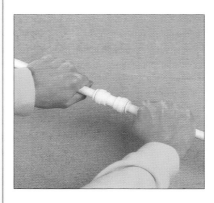

4 Si necesita deshacer la unión por cualquier razón, empuje simplemente la solapa del extremo del accesorio para aflojarlo, y saque la tubería del accesorio.

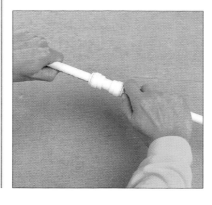

Uniones de plástico y cobre

La unión de un tramo de tubería de cobre y uno de plástico es muy sencilla, utilizando un adaptador de diseño específico. Se instala de forma similar a la de una unión a compresión.

1 Ajuste una sección de un accesorio de unión de compresión al extremo de tubería de cobre y quite la tuerca de seguridad del otro extremo de la junta.

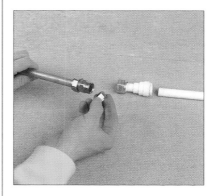

2 Ajuste el adaptador de plástico dentro del accesorio de la unión a compresión, y utilice una llave inglesa para apretar la junta y hacerla estanca.

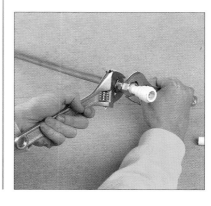

3 Inserte y asegure el tramo de plástico, como se ha indicado en los pasos números 2 y 3 de "corte y unión de tuberías de plástico", en la página anterior.

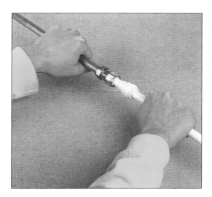

Instalación de una válvula de aislamiento

Hay válvulas de corte o aislamiento, tanto para tuberías de cobre como de plástico. Su diseño varía; la mostrada en la figura se acciona mediante destornillador plano.

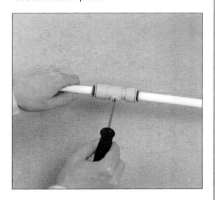

Instalación de un extremo ciego

En ocasiones hay que condenar el extremo de una tubería. Por ejemplo, al sustituir los sanitarios puede haber un periodo entre la retirada del aparato viejo y la instalación del nuevo. Por ello puede necesitarse tener cortada el agua a ese aparato en tanto se restituye al resto de la casa. Cualquiera que sea la razón, el método usado es empujar un accesorio de tapón ciego en la abertura del tubo y estirar hacia afuera para asegurarlo en su sitio.

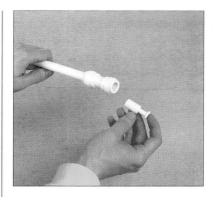

Utilización de reductores

Cuando hay que unir una tubería de un tamaño con otra de diámetro menor se usan los accesorios reductores. Éstos se suministran en diversos tamaños, para cubrir necesidades variadas.

1 Inserte el extremo del reductor en un accesorio de conexión para la tubería de mayor calibre. Estire para fijarlo.

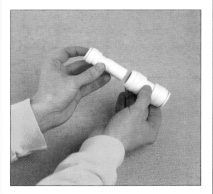

2 Inserte la tubería de menor tamaño en el reductor, y estire para fijarlo en su lugar. Inserte la tubería de mayor calibre en el agujero grande.

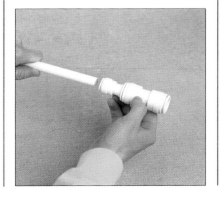

Soportado de las tuberías

Las tuberías de suministro deben soportarse a intervalos a lo largo de su recorrido. Dado que la tubería de plástico es más flexible que la de cobre, debe soportarse con clips colocados más próximos para proporcionar un soporte adecuado cuando esté llena de agua.

1 Coloque clips para tuberías a lo largo del recorrido de la tubería, a intervalos no superiores a los 30 cm.

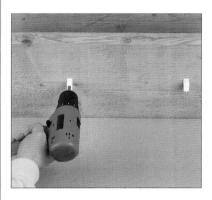

2 Asegúrese que la tubería queda bien apoyada antes de volver a dar el agua, de modo que con el peso de ésta no se tengan pandeos excesivos que puedan ocasionar tensiones innecesarias en las conexiones.

👍 Consejos profesionales

Para asegurarse de que las tuberías quedan alineadas, utilice un nivel para trazar una línea con lápiz sobre las viguetas, para que sirva de guía a los anclajes.

instalación de muebles de cuarto de baño

Los muebles para cuartos de baño integrados son de uso creciente. A veces se suministran ya montados, listos para su colocación, pero otras veces se suministran en kit y necesitan un premontaje previo a la instalación. Algunos muebles se diseñan para formar parte de una hilera de muebles, en tanto que otras constituyen elementos separados, como los muebles para lavabo. En cualquier caso los principios de montaje son similares. Muchos muebles en kit se ensamblan con espárragos con leva y espigas de plástico, tal como se muestra aquí.

Herramientas para el trabajo

Martillo

Destornillador

Taladro/destornillador sin cable

1 La organización es la clave del montaje de los muebles en kit. Extienda todas las secciones importantes del mueble para asegurarse de que dispone de todos los componentes necesarios y de los accesorios de fijación requeridos para su ensamblaje. Siga las instrucciones del fabricante. En muchos casos el primer paso es el colocar conexiones de plástico en agujeros pretaladrados en los extremos de los paneles. En este caso, las conexiones se insertan en los dos paneles laterales del mueble.

2 Inserte espigas de madera en los agujeros adecuados de los bordes de las secciones de estantes. Inserte los tornillos de levas en los agujeros pretaladrados, empujándolos a mano y asegurándose de que el extremo abierto del tornillo apunta al borde de la sección de estante o de mueble. Inserte los espárragos de las levas que se unirán a los tornillos anteriores en las partes correspondientes del mueble. Algunos pueden necesitar una vuelta de tornillo para fijarlos en su sitio. Ya que lo agujeros pretaladrados están hechos en fábrica con precisión, éste es un mecanismo de unión eficaz, que elimina posibilidades de error.

3 Monte el mueble, uniendo las secciones correspondientes en los puntos de conexión adecuados. Los espárragos de leva conectan entrando en los tornillos, girando a continuación el tornillo para fijar y bloquear la fijación. Continúe añadiendo secciones hasta completar el montaje del cuerpo del mueble.

4 Ahora pase a las puertas. La mayoría de los fabricantes usan bisagras empotradas, que quedan ocultas de la vista con las puertas cerradas. Su posición exacta suele estar marcada y precortada en el interior de las puertas, por lo que su instalación es un proceso sencillo de colocación en su sitio y fijación con tornillos.

5 Las placas de las bisagras pueden atornillarse a los cuerpos de los muebles, usando de nuevo los agujeros precortados en el proceso de fabricación. En general, estas placas son reversibles, aunque en algunos casos tienen una posición correcta, que debe verificar antes de la instalación, para asegurar que la bisagra ajuste.

6 Coloque las puertas, colgando las bisagras de las placas de bisagra y apretando el tornillo central de retención, para dejarlas fijadas. Estos tipos de bisagras son siempre regulables, de modo que, una vez el mueble en su lugar, aún puede ajustarse ligeramente la posición de la puerta, para asegurarse que está nivelada y que abre y cierra correctamente, aunque normalmente se haga una prueba antes de lograr el ajuste correcto.

7 Ahora instale la sección de lavabo del mueble. En este caso, la sección con forma del lavabo se une a través de unos bloques de fijación de plástico al cuerpo del mueble. Los tornillos se insertan a través de estos bloques a la sección de aglomerado que forma parte integral del mueble de lavabo. Inevitablemente habrá variaciones entre los diferentes fabricantes sobre la forma de instalación del lavabo, por lo que es importante consultar sus instrucciones.

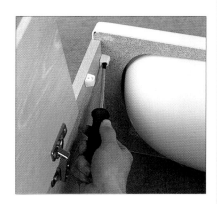

8 Este mueble lleva un frontal de cajón para el acabado de su parte anterior, que se une mediante bloques de conexión.

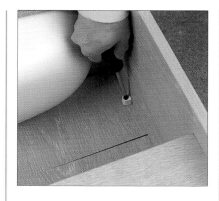

9 Deberá prever algún tipo de fijación de la parte posterior del mueble a la pared. Los soportes en L son adecuados para ello, y suelen ser suministrados por el fabricante con el paquete del kit. Atorníllelos en su sitio, a lo largo del borde posterior del mueble.

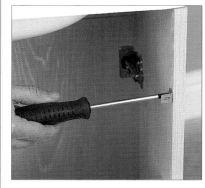

10 Añada los tiradores de las puertas, taladrando éstas en los lugares premarcados. Asegúrese de que el tamaño de broca es el adecuado, o los tiradores quedarán flojos. Para evitar el astillado o daño de las puertas, sujete un bloque de madera contra la cara posterior de la puerta, donde se prevé que salga la broca.

11 Atornille los tiradores, sujetándolos con una mano, en tanto se acciona con la otra el destornillador.

NIVELACIÓN DE UNA HILERA DE MUEBLES

En muchos casos hay que conectar varios muebles, formando una hilera. En este caso, monte cada mueble por separado y colóquelos a lo largo de la pared, utilizando un nivel para comprobar que quedan bien alineados, vertical y horizontalmente, de acuerdo con la disposición planificada. Un nivel de 2 m es especialmente útil para esta tarea, al poderse colocar sobre varios muebles, facilitando el proceso.

TOQUES DE ACABADO

Una vez montado el mueble, puede colocarse contra la pared. Si se necesita, como en el mueble de lavabo mostrado aquí, asegúrese de que las salidas de drenaje y suministro de agua están preparadas para su conexión. También tendrá que montar los accesorios del lavabo (esto se explica con mayor detalle más adelante, en este capítulo). A menudo es mejor instalar los grifos en un mueble antes de colocar éste en su posición final, de modo que sea más fácil el acceso a la parte inferior del lavabo. Cuando haya completado lo anterior, el montaje final consistirá en la realización de las conexiones y en asegurar el mueble en su lugar, contra la pared.

instalación de un lavabo y pedestal

La mayor parte del trabajo duro que conlleva la instalación de un lavabo y su pedestal se refiere a asegurar que hay una buena colocación de las tuberías de desagüe y de suministro, que permita una fácil conexión. Si simplemente va a sustituir el lavabo, probablemente podrá reutilizar el suministro y desagüe existentes, cuando haya que volver a conectarlo. Sin embargo, si quiere cambiar su situación, habrá que ajustar las longitudes de las tuberías de suministro y de desagüe, tal como se ha descrito anteriormente en este capítulo (véase páginas 40-41 y 44-45).

Grifos monobloc y tapones automáticos

Cualquiera que sea el tipo de grifos y de desagüe que vaya a emplearse, la técnica básica de instalación de un lavabo y su pedestal es la misma. Es mejor instalar los grifos y el desagüe al lavabo, antes de anclar éste a la pared, ya que el acceso es más fácil. En este caso se realiza la instalación de un grifo monobloc y un desagüe de tapón automático de varilla.

Herramientas para el trabajo

Alicate de pivote deslizante

Destornillador

Nivel

1 Coloque la arandela de sellado en la base del grifo, de modo que se haga una junta estanca al colocar el grifo en el lavabo. Si los grifos no han sido suministrados con arandelas de junta, aplique sellador de silicona alrededor de la base del grifo, antes de instalarlo en su sitio.

2 Instale las tuberías de cobre de suministro, atornillándolas a la base del grifo. La tuerca de unión de la tubería de cobre al grifo suele ir dotada de una junta de goma, de modo que forme un sellado estanco. También habrá que introducir el perno roscado que sujeta el grifo al lavabo.

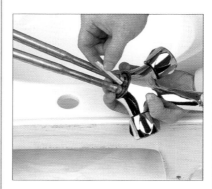

3 Enhebre las tuberías de suministro y el perno roscado a través del agujero existente en el lavabo. Coloque una junta de goma en la parte inferior del agujero del lavabo y un anillo de retención, pasando ambos por el perno roscado. Asegúrelos con una tuerca de fijación, que puede ser roscada a mano, aunque para el asegurado final necesitará alicates. No apriete excesivamente.

Consejos profesionales

Los lavabos pueden astillarse o fisurarse con facilidad, especialmente cuando se trabaja sobre un suelo de hormigón. Proteja siempre el lavabo colocando un trapo o sábana sobre el suelo

4 Ahora se puede pasar al desagüe. Un sistema de desagüe automático se compone de una serie de componentes. Ensarte la pieza superior del sumidero de desagüe a través del agujero de salida del lavabo, asegurándose de haber colocado la junta adecuada sobre la cola de la salida. Si no se ha suministrado una junta con el desagüe, puede sellarse con sellador de silicona. Si utiliza un sellador, limpie con un trapo cualquier residuo antes de que seque.

5 Enrosque la parte inferior del desagüe en su lugar, en la parte inferior de la salida. Asegúrese de nuevo de que ha colocado la junta adecuada entre el desagüe y la parte inferior del lavabo. No apriete excesivamente, asegúrese tan sólo de que el desagüe queda firme y estanco.

6 Inserte la varilla del desagüe de tapón automático y atornille la palanca del desagüe a la base de la salida del desagüe. Fije la palanca del desagüe con una tuerca roscada, que se aprieta a mano.

7 Una la palanca del desagüe a la varilla de elevación del tapón, con la mordaza suministrada, ensarte la varilla y la palanca en los agujeros de retención de la mordaza. Sujete firmemente la varilla y palanca, mediante tornillos bien apretados.

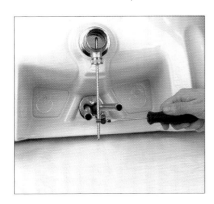

8 Coloque el pedestal frente a las tuberías y cúbralas. Hasta que el lavabo no esté en su lugar y nivelado usted no podrá colocar exactamente el pedestal. Sin embargo, la presentación del pedestal antes de colocar el lavabo asegurará un buen contacto entre los dos, haciendo una colocación del conjunto lo más segura posible.

9 Levante cuidadosamente y coloque el lavabo sobre el pedestal, ajustando la colocación del pedestal para asegurar que el lavabo asienta correctamente. Use un nivel para verificar la nivelación del lavabo, con su borde posterior a paño con la pared.

10 Ancle el lavabo en su sitio con tornillos de retención insertados, a través de la pared posterior del lavabo, en la pared. Si se trata de una pared maciza, puede

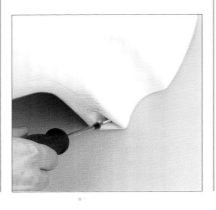

tener que usar tacos. El sobreapriete de los tornillos puede fisurar el lavabo. Por tanto, utilice un destornillador manual para mejor control.

11 Asegure el pedestal mediante tornillos introducidos en su base. No sobreapriete y asegúrese de que los tornillos son suficientemente largos para unirlo firmemente al suelo, pero no tan largos que puedan dañar las instalaciones bajo el suelo.

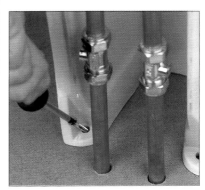

12 Coloque el tapón del desagüe, ajustándolo al nivel correcto para asegurar un buen cierre estanco. Conecte las tuberías de desagüe y de suministro antes de volver a dar el agua.

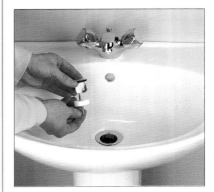

DISEÑOS ALTERNATIVOS DE GRIFOS

Algunos grifos tienen manguitos de conexión a las tuberías de suministro, mediante tubos flexibles de acero trenzado. Estos manguitos se aseguran con tuercas al lavabo antes de la unión al tubo de suministro. De todos modos necesitará una junta o arandela de goma entre la superficie metálica del grifo y el lavabo.

instalación de un lavabo de pared

Hay una ligera diferencia en las conexiones y funcionamiento entre los lavabos ajustados a la pared y los lavabos con pedestal. Las diferencias en los procesos de instalación se centran en la forma en que el lavabo se ancla a la pared, y en la manera en que las tuberías de suministro y de desagüe se ocultan o se hacen más decorativas. Esta necesidad de esconder los suministros hace más difícil la instalación de un lavabo montado en la pared, ya que el acceso a las conexiones está más limitado.

Paredes macizas

Debe dar un recorrido apropiado a las tuberías del lavabo; esto incluye la realización de canalizaciones.

Herramientas para el trabajo

Cinta métrica
Lápiz
Nivel
Mazo
Escoplo con protección
Equipo de protección

1 Marque la posición del lavabo en la pared y trace unas líneas de guía hacia abajo, señalando la posición de la roza para alojar las tuberías. Deje espacio para realizar las conexiones con los suministros existentes.

2 Use un escoplo y mazo para hacer la roza. Lleve guantes y gafas de protección para protegerse de escombros que puedan saltar. Una vez hecha la canalización con la profundidad suficiente, puede llevar las tuberías a la posición correcta.

Paredes huecas

Las tuberías pueden instalarse en la cavidad de las paredes huecas. Sin embargo, el agujero de acceso para su instalación puede ser tan grande, que la mejor solución suele ser la de cortar un panel de tablero enlucido. Adicionalmente puede tener que colocar un travesaño de soporte para reforzar los puntales del entramado, dando un buen apoyo al lavabo.

Herramientas para el trabajo

Cinta métrica
Taladro/destornillador sin cable
Cortatubos
Llaves inglesas
Serrucho
Martillo
Equipo de enlucido o forrado en seco

1 Verifique las medidas de altura para situar exactamente la posición deseada del lavabo y las necesarias para el anclaje de los soportes para sostenerlo. Coloque uno o más travesaños de refuerzo a la altura en que se anclarán los soportes.

2 Puede que tenga que hacer agujeros en los listones del tabique para el recorrido de las tuberías.

3 Coloque los tubos y añada los accesorios de conexión necesarios (véase páginas 40-43).

4 Inserte una manta aislante entre los tablones del tabique. Clave una hoja de panel de enlucido sobre la zona, y fórrelo o enlúzcalo según convenga. Haga los agujeros de acceso para la entrada de las tuberías en el cuarto.

Instalación del lavabo

Herramientas para el trabajo

Nivel
Cinta métrica
Lápiz
Taladro/destornillador sin cables y/o destornillador
Sierra de metales
Llave inglesa

1 Trace a lápiz una línea de guía de nivel donde hay que instalar los soportes para que se correspondan con los puntos de apoyo de la parte trasera del lavabo. Atornille directamente los soportes a los listones del tabique, en tabiques huecos, o use tacos y tornillos en paredes macizas.

2 Una al lavabo los grifos y tubería de desagüe, antes de colocarlo enganchado a los soportes. Atornille en su sitio el lavabo a través de los agujeros pretaladrados de su parte inferior. A veces se suministra una arandela de plástico para evitar el contacto entre el tornillo y el lavabo. No apriete el tornillo excesivamente.

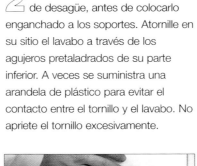

3 Sujete el conjunto de desagüe en su lugar, y mida la longitud de tubo necesaria para conectar el lavabo y el sifón. Corte el tubo a la longitud requerida y haga las conexiones. Ahora puede conectar los grifos a los suministros de agua caliente y fría, quedando el lavabo listo para su uso.

El lavabo montado adosado a la pared presenta un acabado elegante y compacto. El desagüe cromado, a juego con los grifos, no disminuye el efecto decorativo.

instalación de una bañera ↗↗↗

Antes de instalar la bañera hay que verificar que se puede realizar la conexión de las tuberías de suministro de agua y de desagüe.. En muchos casos las tuberías existentes serán suficientes, pero si la nueva bañera se instala en un sitio diferente al de la anterior, se necesitará un ajuste de las tuberías. La instalación suele ser un proceso de dos partes: primero, las patas y bastidor de soporte se colocan en su sitio, montándose a continuación los grifos y el desagüe.

Colocación de las patas

La mayor parte de las bañeras tienen pies y patas de apoyo, de modo que queden con el fondo elevado respecto al suelo. Las patas pueden ser ajustables, para absorber posibles irregularidades en la nivelación del suelo. La mayor parte de los fabricantes suministran las bañeras sin instalar las patas.

1 Coloque la bañera boca abajo sobre una sábana u otra superficie de protección. La mayoría de las bañeras nuevas están protegidas por una película plástica, pero ésta protege de la suciedad, no evitando posibles arañazos o desconchones. Coloque las patas en los encajes situados en el borde de la bañera. Normalmente se

👍 Consejos profesionales

Los modelos antiguos de bañeras no tienen patas ajustables, y las patas que tienen van unidas al cuerpo principal de la bañera. En estos casos puede hacer falta calzar la bañera con cuñas de madera para conseguir una correcta nivelación. Una bañera bien nivelada es importante para la seguridad de sus usuarios y también para un buen aspecto final.

aseguran mediante un tornillo de agarre, que pasa del exterior del enganche a la pata.

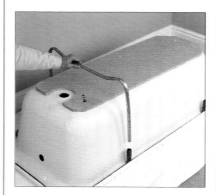

2 Coloque los pies en los agujeros de la base de las patas, usando una tuerca para fijarlas desde la otra cara del bastidor de la pata. Ajuste las patas a una altura aproximadamente igual (se graduarán con más precisión con la bañera ya colocada). La mayoría de los bastidores de las patas pueden atornillarse a la base de la bañera, a través de agujeros pretaladrados en el centro del propio bastidor. Use tornillos de la longitud apropiada, de modo que penetre en el aglomerado de la base, sin dañar la bañera misma.

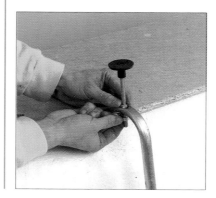

3 Muchas bañeras tienen una pata central para tener apoyo adicional. Es mucho más pequeña y suele ir atornillada al centro de la base de la bañera, con un pie unido a ella. Tenga cuidado con la longitud del tornillo.

Ajuste y nivelación

Una vez colocadas las patas con sus pies, dé vuelta a la bañera, poniéndola en posición normal. Se necesitan dos personas, pues hasta las bañeras más ligeras son difíciles de manejar por una persona. Después se instalan los grifos y desagüe, para finalizar con la nivelación y fijación en su posición final.

1 Una primero la pieza del sumidero de desagüe y el rebosadero a la bañera. Los diseños de desagüe con tapón automático difieren ligeramente de los usados en lavabos, que son accionados por una rueda situada encima de la salida del rebosadero. Tienen un cable entre la manilla y la pieza del sumidero, de modo que el tapón se abra y cierre según convenga. Instale las juntas suministradas, tanto en el desagüe como en el rebosadero.

4 Una el tubo de rebose entre la salida del rebosadero y la parte inferior de la pieza del sumidero de desagüe. Para ello se usan abrazaderas de tornillo con arandelas de goma.

7 La bañera debe fijarse firmemente en su posición. Puede lograrlo realizando un canal en la pared y permitiendo que el borde posterior de la bañera apoye en dicho canal. Alternativamente, tal como se muestra aquí, monte soportes fijados a la pared y los correspondientes unidos al borde de la bañera, y ajuste el borde de la bañera a estos soportes. Siempre verifique con atención, antes de atornillarlos, que las dos mitades de los soportes están alineadas.

2 Sujetando con una mano una de las partes de la pieza de desagüe, atornille la otra parte a su cara inferior, a través del agujero de salida de la bañera. Asegúrese de colocar la junta apropiada en este lado del agujero de salida. Si no la han suministrado, ponga en su lugar una capa de sellador de silicona.

5 Coloque los grifos en los agujeros pretaladrados de la bañera y asegúrelos mediante las tuercas posteriores. La mayoría de los grifos se sellan con una junta (como en este caso). Si no se la han suministrado, utilice en su lugar sellador de silicona.

8 Finalmente, conecte los grifos a los suministros de agua y conecte el desagüe al sistema de drenaje (véanse páginas 40-41). A continuación, atornille los pies de la bañera al suelo.

3 Sujete la pieza posterior del rebosadero en su lugar, de modo similar, atornillando la parte visible desde el interior de la bañera. De nuevo, suele suministrarse una junta para sellar de forma estanca este lado del conjunto. En caso contrario, selle con silicona.

6 Lleve la bañera hacia su posición final, usando un nivel para regular la altura de las patas, asegurando que la bañera queda totalmente nivelada.

Consejos profesionales

Es importante que las bañeras estén estables para evitar accidentes. Puede añadir apoyos extra, insertando tacos de madera entre la base de la bañera y el suelo. También puede repartirse mejor el peso añadiendo bajo los pies una plancha de madera. En muchos casos, la altura adicional que esto produce constituye una ventaja.

instalación de un panel de bañera ⁄⁄

Las bañeras de estilo tradicional no suelen llevar un panel de bañera, por lo que su parte inferior era siempre visible tras completar la instalación. Sin embargo, la mayor parte de las bañeras modernas emplean algún tipo de panel para cajear la parte inferior de la bañera, ocultando así el bastidor y tuberías. Este panelado puede hacerse de modo que quede una estructura permanente, aunque siempre es mejor que el panel sea fácilmente extraíble para permitir la inspección.

Herramientas para el trabajo

Nivel

Lápiz

Cinta métrica

Taladro/destornillador sin cable

Serrucho o sierra de calar

Destornillador

Realización del bastidor

Para la instalación de un panel de bañera se precisa un bastidor al que unirlo. En el caso de paneles acrílicos, este panel suele ser integral. Sin embargo, en paneles más pesados, tales como los paneles de bañera en madera, el soporte idóneo es el de listones de madera.

1 Sujete verticalmente un nivel contra el borde de la bañera, de modo que uno de sus extremos toque el suelo. Coloque sobre el suelo un listón de 5 x 2,5 cm, paralelo al borde de la bañera. Coloque un bloque pequeño de madera del mismo espesor que el panel de bañera entre la parte baja del nivel y el listón. Mueva el nivel y el

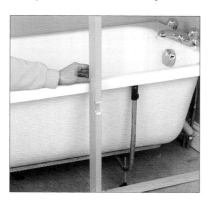

bloque a lo largo del borde de la bañera. Hasta que el listón quede en la posición exacta requerida para el bastidor de la base. Trace una línea de referencia con el lápiz a lo largo del borde del listón.

2 Use el mismo método para marcar la posición del listón del bastidor de base de la parte posterior de la bañera.. Marque esta posición con lápiz. Mida la distancia entre las paredes y la intersección de las líneas de referencia y corte los listones con arreglo a ellas.

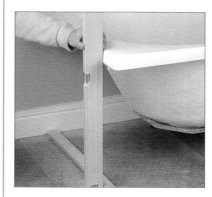

3 Fije en su lugar el listón más largo. Corte una pieza de listón de 5 x 5 cm de longitud, suficiente para llegar de la parte superior del listón de base a la inferior del reborde de la bañera. Únalos en ángulo recto al listón de base más corto. Fije al suelo el listón más corto de base, de modo que el listón de mayor espesor quede como un puntal ajustado a la parte inferior del borde de la bañera, en la esquina, proporcionando un apoyo suplementario. De forma alternativa, puede unir dos listones de 5 x 2,5 cm con el mismo objetivo.

4 Ancle a la pared un listón tanto en el extremo de los grifos como en la esquina opuesta de la pared. Éstos se utilizarán como puntos de fijación y soporte de los correspondientes extremos del panel de bañera.

Colocación del panel

Una vez colocado el bastidor, pasamos al montaje del panel. Los paneles de bañera suelen suministrarse en tamaños estándar, que deben cortarse para satisfacer sus necesidades específicas.

1 Con frecuencia se debe marcar el panel para que ajuste a la forma de la pared y del rodapié. Sujetando un pequeño bloque de madera, cortado

con un espesor igual al de la base del rodapié, apoye un lápiz, de modo que su punta dibuje una línea de guía para el corte de la superficie del panel.

2 Corte a lo largo de la línea de guía a lápiz con un serrucho o sierra de calar. Seleccione una hoja de sierra fina, con objeto de no astillar los bordes del corte.

3 Fije el panel principal, atornillándolo al bastidor de listones. Haga lo mismo con el panel del extremo corto. Taladre agujeros piloto tanto en el panel del extremo como en los bordes del panel principal. Tenga cuidado de no dañar la superficie de los paneles.

4 Inserte tornillos para espejo en los agujeros así pretaladrados para asegurar el panel.

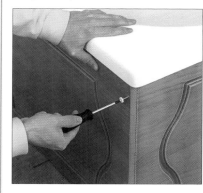

5 Empuje el casquete de adorno sobre los tornillos para un acabado limpio.

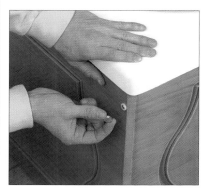

ALTERNATIVAS A UN PANELADO EN MADERA

Hay muchas alternativas para panelar una bañera, además de la sencilla de paneles modelados de madera aquí descrita. Por ejemplo, una hoja de mdf (aglomerado de media densidad) puede ser alicatada y utilizada como panel de bañera. Deberá usar una broca especial para azulejos a fin de realizar los agujeros piloto para pasar los tornillos de fijación al bastidor de listones. Otra opción es la de unir directamente al bastidor, alrededor de la bañera, piezas machihembradas, aunque deberá incluir trampillas de inspección en este diseño. Alternativamente, puede unir el machihembrado a una hoja de mdf, utilizándolo como un panel extraíble, de modo similar al del panel de madera ilustrado en el ejemplo. Otra posibilidad es la de fijar el panel con imanes, en lugar de mediante tornillos.

Los paneles de bañeras proporcionan un acabado atractivo y pueden elegirse específicamente para complementar el esquema decorativo general del cuarto de baño.

instalación de inodoro y cisterna ⫻

Una mirada superficial a un inodoro y su cisterna sugiere una fontanería más compleja que la realmente existente. Los sistemas de suministro de agua y de desagüe son realmente sencillos, y, siempre que no se aleje mucho la situación del inodoro de su antigua posición, la sustitución es un proceso simple. Los problemas suelen aparecer cuando las tuberías de evacuación se alargan o su situación se modifica, para adaptarse a una localización totalmente nueva.

Inodoros de cisterna acoplada

La mayoría de los inodoros modernos tienen un diseño de cisterna acoplada, en el que la cisterna asienta sobre la taza del inodoro (véase página 27). Este tipo de diseño es el de más fácil instalación, y da menos complicaciones que los inodoros con cisterna alta o baja.. Las instrucciones aquí incluidas muestran los principios generales para la instalación de un inodoro con cisterna acoplada.

Herramientas para el trabajo

Destornillador

Alicate de pivote deslizante

1 Primeramente instale el mecanismo interno de la cisterna. Coloque la bomba dentro de la cisterna, de modo que la sección roscada se inserte en el agujero de salida de la base de la cisterna.

2 Ajuste la junta de goma en la parte inferior roscada y coloque la placa de conexión.

3 Asegure la placa de conexión de la cisterna mediante el aro roscado, inserte a continuación los pernos en los agujeros situados a ambos lados de la placa.

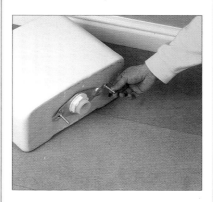

4 Inserte el mecanismo de descarga o conjunto de control del agua en

la cisterna, de nuevo haciendo pasar el extremo roscado de la tubería de suministro de agua a través del agujero existente en la base de la cisterna.

5 Asegúrelo en su lugar mediante la junta y el aro roscado suministrados. Normalmente basta con apretar a mano los aros roscados del sifón y de la tubería de suministro. Cuide de no confundir entre sí ambos aros roscados.

6 Ajuste la manilla de descarga en la cisterna, sujetándola con una anilla roscada, Compruebe que la manilla acciona el mecanismo de descarga.

7 Mueva la taza a su posición, permitiendo que su tubería de salida encaje con el desagüe.

8 Coloque la cisterna sobre la taza, de modo que los pernos de conexión encajen en los agujeros de retención de la taza. Coloque una junta de goma en la entrada de la descarga de agua, de modo que la sección roscada del sifón del mecanismo de descarga pase a través de la junta.

OTROS TIPOS DE INODORO

• **Inodoros de cisterna baja:** Tienen cisternas adosadas a la pared, por encima de la taza, con una tubería de conexión entre la parte baja de la cisterna y la taza. La cisterna debe anclarse a la pared con fijaciones fuertes, ya que, al contrario que en los inodoros de cisterna acoplada, la taza no soporta en modo alguno el peso de la cisterna.

• **Inodoros de cisterna alta:**
La cisterna se instala en la parte alta de la pared, por lo que la tubería de conexión es mucho más larga. De nuevo, los anclajes a la pared deben ser fuertes, para soportar el peso de la cisterna.

9 Enrosque las tuercas de fijación proporcionadas por el fabricante a los pernos de conexión, usando las arandelas de goma y metálicas para sujetar firmemente la cisterna. Las arandelas forman una barrera entre las superficies de metal y cerámicas.

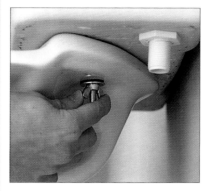

10 Conecte la tubería de suministro al suministro de agua fría, usando unos alicates de pivote deslizante.

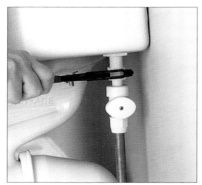

11 Si la cisterna tiene agujeros pretaladrados en su parte posterior, junto a la pared, utilice tornillos para fijarla a ésta. Utilice igualmente arandelas de metal y

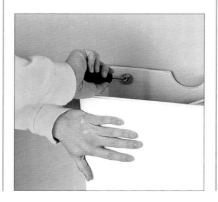

goma. También debe insertar tornillos de fijación en los agujeros de la base de la taza para mantenerlo de forma segura en su lugar.

12 Finalmente, monte el asiento del inodoro, asegurándolo en los agujeros pretaladrados en la parte posterior de la taza. Vuelva a conectar el suministro de agua. El inodoro queda listo para su uso.

RECOLOCACIÓN DEL INODORO JUNTO A UNA PARED INTERIOR

Pueden aparecer complicaciones al desplazar un inodoro de la pared exterior a una interior. La razón de que los inodoros suelan estar junto a o cerca de paredes exteriores es la de tener un fácil acceso a bajantes, que suelen situarse junto a los muros exteriores, hacia el alcantarillado. La localización del inodoro junto a una pared interior exige alargar la tubería grande de desagüe desde el inodoro a la bajante. Claramente, las dimensiones de la tubería hacen difícil el recorrido con el trazado necesario, si está por debajo del suelo. La alternativa de disponer el recorrido alrededor de las paredes interiores es antiestético, e igualmente es difícil proporcionar la pendiente necesaria. Como consecuencia, conviene mantener la situación del inodoro próxima a la antigua, o, al menos, cerca de la pared exterior, lo que hará el proceso de instalación mucho más fácil.

instalación de un bidé ///

Si dispone de un cuarto de baño espacioso y lujoso, un bidé es un sanitario muy útil. Los hay de dos tipos: con suministro sobre el reborde y con suministro bajo el reborde. El primero se muestra en este ejemplo, y tiene el suministro de agua desde grifos colocados por encima del reborde del bidé. Un bidé con suministro bajo el reborde se llena con salidas situadas bajo el reborde, calentando éste mientras se llena de agua el cuenco del bidé. Este sistema tiene un riesgo de retroceso, por lo que requiere sistemas de alimentación dedicados, con lo que se complica la instalación.

Bidés con suministro sobre el reborde

El bidé con suministro sobre el reborde se instala de forma similar a un lavabo. Primero compruebe que se han montado los suministros de agua fría y caliente para alimentación al bidé (véanse páginas 40-43).

La tubería de desagüe puede conectarse directamente a la bajante, o a las tuberías de desagüe del lavabo o la bañera. Un accesorio de T puede insertarse a estos efectos en cualquiera de esas dos tuberías. Sin embargo, considere adecuadamente las alturas de los desagües para evitar que descargas del lavabo pasen al bidé, si el desagüe está mucho más alto que el bidé. Igualmente, descargas del bidé pueden ir a la bañera, si el bidé está mucho más alto que el desagüe de ésta. Debe considerar las pendientes de los desagües para tener en cuenta estos problemas.

Herramientas para el trabajo

Alicate de pivote deslizante

Llave inglesa

Destornillador

Cinta métrica

Cortador de tuberías

1 Encaje la sección superior de la pieza del sumidero de desagüe (válvula) automático en el orificio de salida del bidé, asegurándose de la colocación de la junta correcta sobre éste. Si no dispone de junta, puede asentarlo sobre una capa de sellador de silicona, para lograr un sellado estanco. Si utiliza un sellador, limpie los excesos antes de que pueda secar.

2 Enrosque la sección inferior del desagüe en la sección superior, por debajo del bidé. De nuevo, instale la junta correcta entre la sección de desagüe y la superficie de cerámica del bidé.

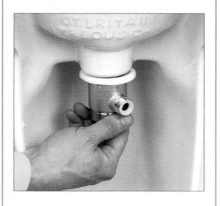

3 Pasemos al grifo monobloc para el bidé. Ponga una arandela de goma en la base del grifo. Si los grifos a montar no disponen de ella, puede asentarlos sobre una capa de sellador de silicona.

4 Instale las tuberías de agua caliente y fría al accesorio de la base del grifo, enroscándolos firmemente en su posición, pero cuidando de no dar un ajuste excesivo. Enrosque el perno que asegurará el grifo en su sitio.

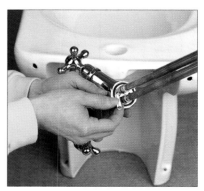

5 Enhebre los tubos de cobre unidos al grifo a través del agujero pretaladrado en el bidé. Asegure el conjunto del grifo en su lugar, con arandelas y tuerca posterior. Enrosque, apretando a mano, una tuerca de bloqueo en el perno con rosca. Puede tener que dar una o dos vueltas de tuerca con una llave inglesa, asegurando el grifo en su posición. Cuide de no apretar excesivamente.

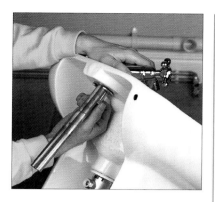

6 Atornille la palanca del mecanismo a la base de la pieza de desagüe (válvula). Normalmente basta con apretar a mano, aunque puede necesitar llaves inglesas.

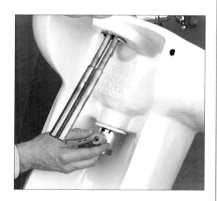

7 Inserte la varilla del tapón automático en la palanca del mecanismo y únalos mediante la mordaza suministrada.. Fíjelos, usando un destornillador para apretar la conexión. Si es necesario, ajuste el anclaje, de modo que el tapón asiente correctamente en el sumidero. El tapón de este dispositivo también es adaptable, para asegurar un ajuste estanco a la salida. Haga ahora los ajustes necesarios.

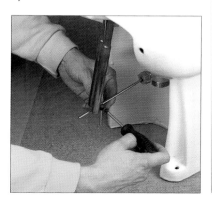

8 Compruebe que las tuberías están en el lugar adecuado, listas para la colocación y conexión del bidé. En este caso se ha utilizado una T, colocada horizontalmente, para conectarse a una tubería de desagüe existente. También se han instalado válvulas de aislamiento en las alimentaciones de agua fría y caliente, de modo que se puedan cortar en una emergencia. Véase páginas 40-43.

9 Coloque el bidé, conectando los suministros de agua fría y caliente, así como el sifón y la tubería de desagüe. Fije el bidé al suelo, insertando tornillos a la base a través de los orificios existentes. Cuide de no apretar excesivamente los anclajes y use arandelas de goma, si las ha suministrado el fabricante. Ya puede abrir el suministro de agua y usar el bidé.

Los bidés proporcionan una dimensión adicional de higiene y confort o pueden usarse como un elemento decorativo del diseño del cuarto de baño.

instalación de una ducha ✎✎✎✎

Las duchas son sanitarios de cuarto de baño convenientes y eficaces, que utilizan sólo una fracción del agua empleada en una bañera. Hay diversos tipos de ducha, al igual que varían los mecanismos de regulación (véanse páginas 30-31). Este capítulo se centra en el proceso de instalación. Una ducha retranqueada en la pared suele producir un acabado más estético y placentero, pero el montaje en la superficie resulta más sencillo de realizar. En este ejemplo se monta una ducha sobre un tabique de listones.

Conjuntos de ducha semiempotrados

Herramientas para el trabajo

Cinta métrica

Taladro/destornillador sin cable

Alicate de pivote deslizante

Llave inglesa

Equipo de alicatado y de colocación de paneles de enlucido

1 Tendrá que montar un travesaño adicional dentro del tabique, para que sirva de soporte de montaje para la ducha. Si se trata de un nuevo tabique, hágalo en el proceso de construcción. Si se trata de un tabique existente, corte el tablero de enlucido y ancle el travesaño a la altura deseada, y a una profundidad tal que permita que el conjunto de ducha asiente detrás de la superficie del tabique, con los controles sobresaliendo más allá de ella. Tienda las tuberías de agua caliente y fría hasta las posiciones correctas en la pared.

2 Asegure el conjunto de ducha en su posición sobre el travesaño de refuerzo, de modo que las conexiones de agua casen con el conjunto. Corte el tramo de tubería con un cortador de tuberías si es necesario. Utilice llaves inglesas para apretar las conexiones de las tuberías de suministro al conjunto de ducha.

3 En muchos casos habrá que conectar un tramo adicional de tubería desde el conjunto de ducha a la alcachofa. Siga las instrucciones del fabricante.

4 Complete ahora el tabique. El contrachapado marino puede ser un buen fondo para un recinto de ducha alicatado, pero también puede usarse tablero enlucido, siempre que se selle previamente o se enluzca. Enrosque la parte decorativa del tubo de suministro a la alcachofa en la parte semiempotrada de la tubería.

5 Instale las arandelas o anillas apropiadas en el conjunto de ducha y la tubería de suministro. Se suelen colocar empujándolas hasta su sitio.

6 Instale el soporte de retención de la alcachofa de la ducha en la pared y conecte la manguera a la tubería de suministro.

Instalación de una mampara de bañera

Si se monta una ducha sobre la bañera, debe montar una pantalla o mampara para proteger el cuarto de las salpicaduras de agua.

Herramientas para el trabajo

Cinta métrica

Nivel

Taladro/destornillador sin cable

Destornillador

1 Use un nivel para anclar el canal para el bastidor verticalmente por encima de la bañera. Si se fija a azulejos, utilice la broca adecuada para realizar los agujeros sin dañar la superficie alicatada.

2 Fije el mecanismo de bisagra al canal. Los diseños varían, pero en muchos casos la bisagra es un conjunto de dos partes. La primera parte proporciona una fuerte unión a la pared, a la que se sujeta la segunda parte.

3 Ajuste a la mampara las secciones correspondientes de bisagra. Normalmente son de diseño decorativo. Cuide de colocar juntas de goma u otra barrera de protección entre las superficies metálicas de las bisagras y, en este caso, la superficie de vidrio.

4 Aquí se empuja un perno de retención en el orificio de la bisagra. Sujete la puerta en su sitio, permitiendo que funcione el mecanismo de bisagra, moviéndose hacia adelante y hacia atrás sobre el borde de la bañera. Ajuste tiras de goma para el sellado en la parte inferior de la mampara.

Una simple mampara de bañera proporciona una barrera física que evita las salpicaduras de agua. Se pueden elegir diferentes diseños y formas que casen con la disposición de su cuarto de baño.

instalación de una cabina ⚒ de ducha

Si el espacio lo permite, siempre es mejor colocar la bañera y la ducha separadas, y en ese caso habrá que construir una cabina de ducha, con un plato que sirva para recoger el agua y darle salida por las tuberias de desagüe. Antes de comenzar hay que tener en cuenta que las tuberías de desagüe y las de acometida estén instaladas en el lugar apropiado.

Instalación de un plato de ducha

La mayoría de las cabinas de ducha van instaladas en una esquina del cuarto de baño, y se componen de dos mamparas y un plato de ducha cuadrado. La técnica básica para su instalación es independiente de la forma de la cabina.

Herramientas para el trabajo

Cinta métrica y lapicero

Sierra de calar

Taladro sin cable

Cubo

Paleta de punta o calibrada

Nivel de burbuja

1 Coloque el plato de ducha para marcar su posición y señale sobre el suelo de cartón piedra de debajo una ventanilla de acceso desde la que se van a instalar las tuberías. Asegúrese de que queda justo al borde exterior del plato. Corte la ventanilla y clave un listón por debajo de los bordes del agujero, y corte también un trozo de cartón piedra que irá encima del listón.

2 Conecte la salida de desagüe al plato de ducha. Asegúrese de que las juntas o las zapatas estén instaladas en ambos lados de la abertura de desagüe, de modo que proporcionen un sellado hermético.

3 Mezcle un poco de mortero de consistencia firme (cuatro partes de arena con una parte de cemento) y aplíquelo sobre la zona del suelo donde se va a colocar el plato de ducha.

4 Coloque el plato, dejando que se apoye bien sobre el mortero. Ponga un nivel en los ángulos del plato para asegurarse de que está perfectamente nivelado. Si fuera necesario, saque el plato y nivele el mortero de nuevo.

5 Conecte la salida de desagüe al sumidero y después conéctelo a la tubería de salida. Los sumideros de las duchas están diseñados de forma que queden lo más planos posible, de lo contrario no dejarían suficiente espacio para el buen funcionamiento de la tubería de desagüe.

👍 Consejos profesionales

A menudo, dejar suficiente espacio para que las tuberías del sistema de evacuación puedan ir por debajo de la ducha resulta un inconveniente; en ese caso se puede instalar el plato en un nivel ligeramente superior al suelo. De hecho, muchas duchas solucionan el problema con un escalón. Así que, a la hora de elegir e instalar un plato de ducha, tenga siempre en cuenta las necesidades del sistema de evacuación.

Instalación de la cabina

Los diseños de puertas para cabinas de ducha varían considerablemente. El diseño de bisagras mostrado aquí es muy común y constituye el mejor ejemplo para ilustrar todo el proceso de instalación.

Herramientas para el trabajo

Cinta métrica

Lapicero

Nivel de burbuja

Taladro sin cable

Destornillador

1 Existen perfiles guía especialmente diseñados para sujetar las mamparas de la cabina en la pared. Colóquelas en el borde del plato en posición vertical y céntrelas respecto a la anchura del borde del plato.

2 Fije los perfiles guía a la pared utilizando las fijaciones adecuadas.

3 Encaje la mampara fija en el canal de uno de los perfiles guía. Coloque la mampara abatible en el canal del otro perfil y sujete ambas, haciendo que coincidan en la unión de cierre, sobre el ángulo del plato (puede que haga falta la ayuda de otra persona para realizar esta tarea).

4 Fije las mamparas de la cabina taladrando agujeros entre los perfiles guía y el marco. Escoja una broca para agujeros un poquito más pequeños que los tornillos.

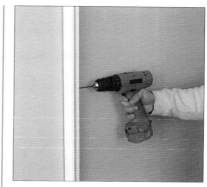

5 Coloque el tirador en la puerta y aplique sellador de silicona alrededor de los bordes y en todas las uniones.

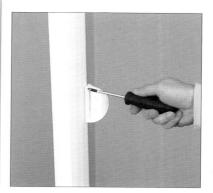

Una vez acabadas la instalación de la cabina de ducha y la colocación del alicatado de su pared interior, estos dos elementos añaden un excelente toque decorativo al diseño general del cuarto de baño.

cajeado ⚒

Los cuartos de baño basados en diseños integrados normalmente no necesitan mucho cajeado para las tuberías, porque éstas quedan ocultas por los propios sanitarios. Sin embargo, si el diseño del cuarto de baño se hace contando con los sanitarios ya existentes, y éstos no van a medida, habrá que cajear tuberías y conexiones para ocultar las zonas antiestéticas que empobrecen tanto el acabado final.

Cajeado simple

Se pueden utilizar varios tipos de madera para hacer el cajeado, pero lo que mejor se ajusta a cualquier necesidad son las paneles de mdf (madera de densidad media) sujetos sobre un bastidor hecho con listones de madera de 5 x 2,5 cm.

El secreto para un buen cajeado consiste en hacer un diseño lo más simple posible. Esto supone emplear los recursos con eficacia para realizar la tarea del modo más rápido y sencillo. El acabado del cajeado dependerá de la decoración final que vaya a aplicar sobre esa superficie. Si simplemente se va a pintar, entonces las juntas y las fijaciones deben quedar perfectamente rematadas. Si se va a alicatar, entonces la perfección en las juntas no será tan necesaria, porque los defectos quedarán ocultos por los azulejos.

Herramientas para el trabajo

Cinta métrica y lapicero
Taladro sin cable
Nivel de burbuja
Sierra de vaivén
Martillo
Puntero

1 La posición precisa de los listones del bastidor depende de los elementos que tienen que quedar ocultos. Al nivel del suelo, fije un listón pegado tan cerca como sea posible de la pared, o del rodapié, pero asegurándose de que las tuberías van a quedar ocultas cuando se coloque la madera sobre el bastidor. Hay que procurar que el cajeado sobresalga lo menos posible de la pared.

2 Sujete los listones directamente encima de las cañerías. Asegúrese de que están bien nivelados y firmemente sujetos.

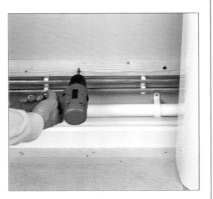

3 En la mayoría de los casos, los paneles de mdf se pueden instalar fácilmente, si se hacen las mediciones con precisión. Sin embargo, si se tiene que salvar un obstáculo como el pie de un lavabo, será mejor marcar los bordes del panel para que se ajusten lo más posible a la zona a cubrir.

4 Una vez que se haya cortado la madera a medida, clave o atornille la parte frontal.

5 Fije la parte superior con la frontal, uniéndolas por el ángulo recto hecho en las dos piezas. Coloque los clavos por debajo.

Ventanillas de acceso

En la mayoría de los casos necesitará abrir una ventanilla en el diseño de cajeado para permitir el acceso a elementos tales como el sumidero del lavabo y las llaves de paso.

Herramientas para el trabajo

Cinta métrica
Lapicero
Sierra de calar
Taladro sin cable
Martillo
Puntero
Destornillador

1 Corte una pieza de mdf a medida para el cajeado. Utilice una plantilla (puede servirle un azulejo), para dibujar el hueco para la ventanilla.

2 Recorte el agujero en la pieza de mdf con una sierra de calar y coloque un bloque pequeño de madera pequeño a cada lado del agujero, en la zona interior de la ventanilla.

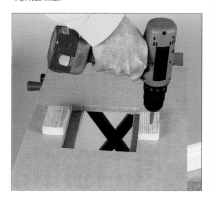

3 Sujete la pieza de mdf en posición vertical en un banco de trabajo y sujete uno de los componentes de un cierre magnético en los bordes de los bloques de madera colocados en el paso 2.

4 Corte otra pieza de mdf de la misma medida que el agujero –ésta servirá de puerta para la ventanilla– y fije en ella las otras mitades del cierre magnético. Coloque un pequeño tirador en el centro de la puerta e instálela.

OPCIONES PARA LA PUERTA

- **Bisagras:** Puede utilizar bisagras en lugar de cerrojos magnéticos para cerrar la puerta de la ventanilla.

- **Secciones grandes:** En algunos casos es mejor hacer el cajeado con una pieza de madera grande que se pueda quitar. Fije la pieza en el lugar adecuado con unos cuantos tornillos, que puedan quitarse cuando sea necesario.

En este ejemplo, el cajeado oculta las tuberías por detrás del inodoro, lo que proporciona un mejor acabado al conjunto del cuarto de baño, pero además se puede utilizar como estantería.

instalación de accesorios en el cuarto de baño

Una vez instalados los sanitarios en el cuarto de baño, usted puede centrar su atención en los complementos. Espejos, armarios y toalleros son elementos que tienen un papel tanto funcional como decorativo. Para cumplir con estos dos requisitos, deben instalarse en el lugar adecuado. Este capítulo muestra una gran variedad de accesorios para cuartos de baño y la mejor manera de instalarlos para que realcen la imagen decorativa de su baño.

Los principales accesorios de este cuarto de baño son un par de espejos, que proporcionan una gran sensación de espacio, y un moderno toallero.

opciones para los accesorios

La amplia selección de accesorios para el cuarto de baño que existe en el mercado, y las innovaciones industriales que se presentan actualmente, hacen, de la renovación de esta parte de la casa, una tarea excitante. Cada vez hay más gente que no se conforma con una decoración estándar para su cuarto de baño, y exige diseños que, además de ser prácticos, sean decorativos. Los fabricantes se han dado cuenta de este cambio de actitud, y hoy en día ofrecen un amplio abanico de posibilidades que permiten crear una atmósfera muy personal en el baño.

Estanterías

Las estanterías se encuentran en muchas zonas de la casa, y el cuarto de baño no es una excepción. El diseño de las estanterías complementa la decoración general de la sala, y a veces una sencilla estantería puede ofrecer mejor efecto visual que un sistema mayor de almacenamiento. Es frecuente que las estanterías del cuarto de baño cubran tanto las necesidades decorativas como las prácticas, sirviendo de base para colocar los artículos de tocador. De hecho, la gran cantidad de lujosos productos de baño disponibles hoy en día en el mercado vienen tan delicadamente presentados, que resultan muy decorativos sobre una estantería. No olvide tampoco que hay zonas del cuarto de baño, por ejemplo el alféizar de la ventana, que pueden ser aprovechadas como estantería.

DERECHA: *Esta simple y elegante estantería de cristal, con el pie de cromo, proporciona una superficie muy útil, ideal para colocar flores y detalles decorativos.*

Estanterías y armarios móviles

No todas las estanterías y armarios tienen por qué estar fijos en un lugar. Los arcones y las mesas en otras habitaciones de la casa a menudo son movibles, y no hay ninguna razón para que no pueda ocurrir lo mismo en el cuarto de baño. Este sistema de almacenamiento es, por lo general, más pequeño que el fijo; por eso no resulta pesado para mover y su flexibilidad permite diferentes opciones en la distribución del baño. Este sistema puede resultar inapropiado para baños con escasa superficie en el suelo.

IZQUIERDA: *Esta unidad de estantería y espejo para accesorios de afeitado es un excelente ejemplo de cómo una pequeña pero compacta unidad puede ser colocada en otras zonas del baño cuando no se requiere su uso.*

Toallero térmico

Aunque los toalleros térmicos llevan muchos años disponibles en el mercado, ha sido en los últimos años cuando, tanto su uso como la variedad de modelos fabricados, se ha disparado enormemente. Atrás quedan los días en que se dejaban las toallas sobre los radiadores. El diseño actual de los toalleros térmicos cumple un doble papel: por un lado sirven para calentar el baño y, por otro, se encargan de mantener las toallas secas. Se puede elegir aquel que mejor se adapte a nuestras necesidades, entre los eléctricos o los que funcionan con agua caliente.

Espejos

Es muy difícil encontrar un cuarto de baño que no contenga al menos un espejo. Este accesorio, esencial para el arreglo personal, puede ir empotrado en la pared o bien colgado como si fuera un cuadro. Además de tener una función práctica, los espejos son ideales para dar más sensación de amplitud a un cuarto de baño de reducidas dimensiones, sobre todo si el espejo ocupa una extensa superficie de la pared.

SUPERIOR DERECHA: *Los toalleros térmicos modernos poseen un cierto grado de elegancia y estilo que los modelos antiguos no tenían.*

DERECHA: *Los fabricantes de cuartos de baño tratan de adaptar los diseños de los espejos para que se complementen con el estilo y el acabado del resto de sanitarios y accesorios que fabrican.*

ABAJO: *Como la mayoría de los accesorios del baño, los armarios también se pueden comprar conjuntados con otros elementos. Aquí, el armario, la estantería y el toallero se complementan proporcionando armonía al aspecto general del baño.*

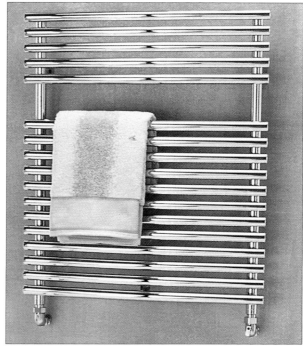

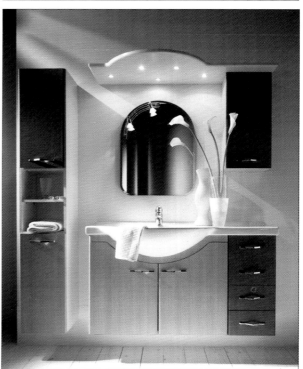

Armarios

Las vitrinas o armarios para baño son unos elementos esenciales. Permiten almacenar grandes cantidades de cosas y, además, mantener los medicamentos fuera del alcance de los niños. Algunas veces, van provistos de un espejo en su parte frontal, consiguiendo de este modo una doble finalidad.

colocación de un toallero térmico ⁊⁊⁊

Últimamente es frecuente la sustitución de los radiadores por los toalleros térmicos. Éstos, además de mantener las toallas secas, sirven para calentar la habitación, bien por sistema eléctrico, o bien por agua caliente. Sustituir un radiador por un toallero térmico es un trabajo muy sencillo, siempre que se instale en el mismo lugar; de ese modo el suministro de agua es bastante accesible y sólo tendrá que realizar ligeros cambios para dejarlo conectado. Ahora bien, si lo que se desea es colocar el toallero en un lugar diferente, entonces habrá que modificar el recorrido de las tuberías para que el suministro de agua llegue a dicho punto.

Toalleros térmicos de agua caliente

Herramientas para el trabajo

Alicate de puntas

Llave inglesa

Cinta métrica

Lapicero

Nivel de burbuja

Taladro sin cable

Destornillador

Alicate de pivote deslizante

✋ Consejo de seguridad

Los toalleros térmicos eléctricos necesitan un enchufe eléctrico que lo debe conectar a la red un electricista cualificado. Cualquier trabajo eléctrico en el cuarto de baño debe ajustarse a un estricto reglamento; por eso, es mejor que lo realice un profesional.

1 Utilice unos alicates de puntas para sacar los tapones de plástico de los extremos de la barra (éstos protegen las roscas de las válvulas).

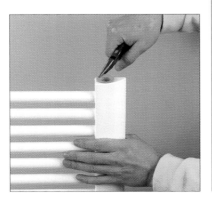

2 Enrosque con la mano un tapón ciego en uno de los extremos superiores del toallero y un tapón con purgador en el otro.

3 Una vez enroscados, apriete con cuidado tanto el tapón ciego como la válvula, usando una llave inglesa.

👍 Consejos profesionales

Para evitar que la superficie de las válvulas y de los tapones se deteriore con la llave inglesa, coloque un trapo en los extremos de ésta. Esta recomendación es importante si se pretende que los tapones y las válvulas tengan también una función decorativa en el acabado del toallero.

4 Enrosque con la mano las válvulas de la parte inferior del toallero, antes de apretarlas con la llave inglesa.

5 Decida la altura del toallero; normalmente se coloca de modo que su parte inferior quede ligeramente por encima o a nivel del borde superior del rodapié. Utilice un nivel de burbuja para trazar una línea horizontal sobre la pared y situar la posición de los dos enganches. Por lo general, éstos se colocan entre la zona horizontal de las secciones tubulares del toallero, ligeramente por debajo de la parte de arriba superior de éste. Con las fijaciones apropiadas, según que la pared sea sólida o hueca, coloque las primeras piezas del conjunto de fijaciones en su lugar.

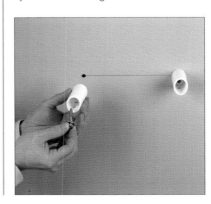

6 Mida la posición de los enganches inferiores. Si sólo hay uno, se deberá colocar en el centro del toallero y ligeramente por encima de su borde inferior. Inserte la segunda parte del conjunto de fijaciones en las partes ya instaladas.

7 El conjunto de fijaciones viene así para que se pueda ajustar una vez que el toallero esté instalado.

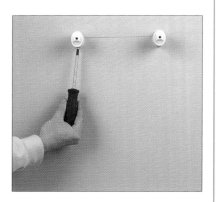

8 Coloque el toallero sobre las fijaciones y utilice la otra parte del conjunto para asegurar el toallero en su posición.

9 Cubra las fijaciones con tapones para obtener un resultado bonito.

10 Conecte las válvulas a las tuberías de acometida. En este caso, las tuberías han sido redistribuidas desde el suelo hasta el toallero una vez instalado éste. Las tuberías también se podrían haber colocado de antemano, pero en ese caso, a menos que se hayan tomado las medidas con mucha precisión, habría que hacer ajustes

complicados para conectarlas, y sería mejor dejarlo en manos de un profesional.

Consejos profesionales

Si el toallero viene con una cubierta protectora, déjelo con ella hasta sujetarlo sobre la pared. Aunque luego tenga que hacer agujeros en esta cubierta para fijarla a los soportes, es mejor dejar la protección puesta hasta que esté todo colocado para impedir arañazos y deterioros durante los procesos de instalación.

Una línea elegante junto con una buena instalación hacen que el toallero térmico sea un accesorio de doble finalidad, ideal para cualquier cuarto de baño.

instalación del sistema de ventilación ⁄⁄⁄

La ventilación es siempre importante en un cuarto de baño por la humedad que se acumula. Este tipo de ambientes sufren mucho por la condensación del agua, que daña la decoración y los acabados, a no ser que se instale un sistema de ventilación apropiado. La generalización de los sistemas de doble acristalamiento ha acrecentado estos problemas y ha hecho de los sistemas de ventilación una necesidad, ya que las malas características de aislamiento de las puertas y ventanas antiguas aseguraban al menos una cierta ventilación.

Sistemas de ventilación mecánica

La ventilación mecánica consiste generalmente en la instalación de un extractor. Estos aparatos expulsan el aire húmedo de una habitación y con ello ya se consigue un ambiente más seco. Los extractores se pueden poner en las paredes o en los techos: esta última ubicación se utiliza mucho en el caso de las cabinas de ducha. Generalmente van conectados a una toma de corriente eléctrica que conecta el extractor automáticamente cuando se enciende la luz de la habitación. Sin embargo, la forma de funcionamiento varía según los fabricantes, y algunos modelos incorporan un interruptor automático que desconecta el aparato al cabo de un cierto tiempo. También conviene tener en cuenta que en edificios de nueva construcción es obligatorio instalar algún sistema de ventilación mecánica en los cuartos de baño.

EXTRACTOR MONTADO EN UNA PARED

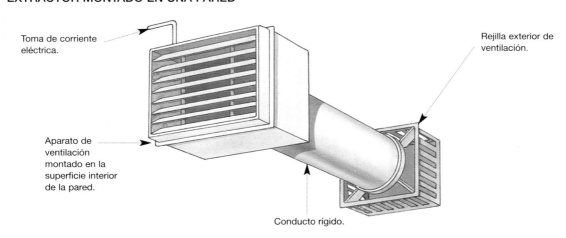

Toma de corriente eléctrica.

Aparato de ventilación montado en la superficie interior de la pared.

Rejilla exterior de ventilación.

Conducto rígido.

EXTRACTOR MONTADO EN EL TECHO

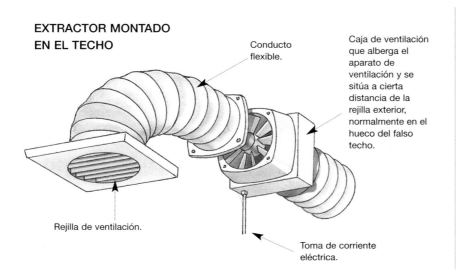

Conducto flexible.

Caja de ventilación que alberga el aparato de ventilación y se sitúa a cierta distancia de la rejilla exterior, normalmente en el hueco del falso techo.

Rejilla de ventilación.

Toma de corriente eléctrica.

EXTRACTORES DE VENTANA

Los extractores que se pueden montar en un agujero redondo hecho en el cristal de una ventana están disponibles en el mercado listos para su instalación. Para ello hará falta cortar el vidrio de la ventana usando el tipo correcto de cortador de cristal, aunque puede ser más sencillo contratar a un cristalero para hacer este trabajo. Nunca hay que intentar cortar agujeros sobre un doble acristalamiento. El verdadero extractor se sitúa en la parte interior de la ventana con una carcasa que cubre las partes móviles. Lleva también una rejilla exterior que cubre la parte del conjunto que da a la calle.

Para el caso de extractores situados en una pared, habrá que hacer un agujero en la pared que dé al exterior. Para poder cortar un trozo de muro exterior con cierta precisión, lo mejor es alquilar una máquina para taladrar y cortar hormigón. No vale la pena comprar un material tan caro que se utilice sólo en contadas ocasiones; es mucho más conveniente alquilarlo en un comercio especializado. Para los extractores que van montados en el techo, el material que se necesita no es tan costoso, ya que no hay obra de albañilería que cortar. La técnica, bastante sencilla, para hacer un agujero de acceso en un techo de escayola se explica a continuación.

Herramientas para el trabajo

Cinta métrica y lápiz

Detector de tuberías, cables y viguetas

Sierra eléctrica pequeña

Destornillador

1 Calcule el punto de colocación del extractor usando el detector de cables, tuberías y viguetas para asegurarse de que no hay tomas de agua o de electricidad en ese punto que puedan suponer un peligro o un obstáculo; también conviene saber que no hay viguetas que harían imposible la instalación del extractor. Además también tendrá que buscar un equilibrio al decidir el mejor punto de colocación. Sujete la rejilla en el sitio en el que vaya a ir en el techo, y utilice un lápiz para dibujar el contorno de la parte circular de la rejilla, y así tendremos una plantilla para guiarnos al cortar.

2 Cuando ya esté decidido el punto en el que va a ir el ventilador, use una sierra de calar para cortar el trozo circular de techo.

3 Asegure la primera parte del conjunto de la rejilla en el agujero redondo usando tornillos. Encaje la rejilla en su sitio, y a continuación conecte el tubo de salida de aire y el extractor por encima del conjunto de la rejilla.

Estos ventiladores son buenos para ventilar cuartos de baño, y no tienen ninguna parte mecánica para propulsar el aire, solamente dejan que éste entre mediante corrientes de aire naturales que crean un ciclo de renovación. Aquí se muestran algunos ejemplos de ventiladores estáticos y rejillas de cobertura que se emplean para dar un aspecto final más limpio.

Las rejillas de ventilación actúan como cobertura exterior de los agujeros de ventilación. Las hay de diferentes diseños y acabados, pero aquí se muestran las de plástico o aluminio. Estas rejillas también se pueden pintar para que el color coincida con el del fondo de la pared. Igual que ocurre con el ladrillo con agujeros, la rejilla está siempre abierta. Algunos tipos de rejillas incluyen mecanismos para abrir y cerrar. Los ladrillos de agujeros son un procedimiento parecido a las rejillas. Estos ladrillos, que tienen un acabado de aspecto artesanal, se colocan formando parte de la pared y están siempre abiertos.

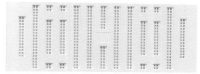

colocación de estantes ⟋⟋

Los estantes proporcionan una forma sencilla y eficaz para guardar cosas y también para mostrarlas con fines decorativos. Aunque las zonas de panelado y algunos puntos del cajeado ofrecen también posibilidades para colocar objetos, la mayoría de los cuartos de baño tienen algún sistema adicional de estantes independientes fijados a la pared. Existen muchos diseños disponibles y aquí se muestran ejemplos de dos tipos de sistemas de fijación de estantes. También se explica la forma de transformar la repisa de una ventana en un estante alicatado.

Estante con fijaciones ocultas

Algunos sistemas de sujeción de estantes permiten ocultar los tornillos a la vista, con lo se mejora el aspecto general una vez que el estante está en servicio. Los fabricantes están continuamente haciendo innovaciones en este terreno para mejorar el aspecto decorativo y la funcionalidad de los estantes.

Herramientas para el trabajo

Cinta métrica y lápiz

Sierra de calar o serrucho

Taladro sin cable

Nivel y mininivel

Lezna

Martillo

1 Marque con un lápiz la posición del estante sobre la pared. Sujete sobre la pared una palomilla de fijaciones de tornillos del soporte de sujeción y utilice el mininivel para garantizar que está totalmente vertical. A continuación marque las posiciones de los tornillos con una lezna.

2 Taladre en la pared un agujero del tamaño correcto y ponga unos tacos de pared que deberán entrar empujando con la mano o con la ayuda del martillo.

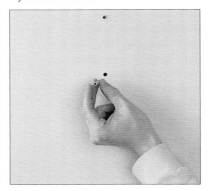

3 Ahora vuelva a colocar la fijación del soporte y atorníllela en su sitio con fuerza. Compruebe la posición con el mininivel otra vez para asegurarse de que no se ha movido de posición.

4 Coloque en la pared la fijación del segundo soporte que quedará al lado de la que ya hemos atornillado. Hace falta colocarla en la posición correcta para que sujete bien el estante. Para ello coloque el nivel encima de las dos fijaciones y compruebe el nivel y la alineación. Marque la posición de los tornillos con la lezna a través de los agujeros de la segunda fijación.

5 Atornille la fijación en su sitio y deslice el soporte sobre ella; coloque también el soporte del otro lado de modo que sólo falte colocar el estante.

6 Por último, ponga el estante y asegúrelo en su sitio poniendo unas espigas que unan el estante con la parte posterior del soporte.

Sujeciones simples

En los puntos en que los tornillos de las fijaciones son visibles, hará falta rellenar con tapaporos los agujeros antes de pintar para que quede con el mejor aspecto posible.

Herramientas para el trabajo

Cinta métrica y lápiz

Taladro sin cable

Nivel y mininivel

Lezna

Martillo

1 Marque los puntos en los que irá colocado el estante y después fije el primer soporte en su sitio con los tornillos apropiados. Utilice un mininivel para asegurarse de que está completamente vertical.

2 Utilice una lezna para marcar los puntos en los que irán los tornillos del segundo soporte. Use también el mininivel para garantizar que está bien alineado verticalmente y un nivel normal para comprobar que los dos soportes están a la misma altura.

3 Atornille el segundo soporte en su sitio y después sujete el estante a los soportes clavando pequeños clavos que vayan desde la parte de arriba del estante hasta los soportes. Atornille también algunas embrillas en la parte de abajo del estante para tener más posibilidades de almacenamiento.

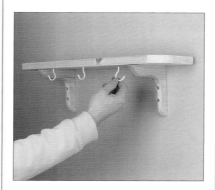

Cómo alicatar la repisa de una ventana

Se puede conseguir un espacio para colocar cosas aprovechando algunas características del cuarto de baño. Por ejemplo, el alféizar de una ventana convenientemente alicatado servirá de estante particularmente decorativo.

Herramientas para el trabajo

Paleta extendedora con muescas

Cinta métrica

Sierra de metales pequeña

Máquina de cortar azulejos

Extendedor de lechada

Esponja

1 Utilice la paleta extendedora con muescas para aplicar adhesivo de azulejos sobre el alféizar de la ventana.

2 Corte una tira de acabado de la longitud apropiada y colóquela sobre el adhesivo a lo largo del borde de la parte frontal del alféizar.

3 Inicie la colocación de azulejos poniendo uno entero en la parte central del alféizar, alineado con el borde exterior. Deslice el borde del azulejo para que coincida con la tira de acabado.

4 Continúe añadiendo azulejos enteros a ambos lados del central y deje para el final los que van cortados. Consulte las páginas 100-103 para más información sobre la colocación de azulejos. Una vez terminado el alicatado del alféizar, deje secar el adhesivo antes de extender la capa de lechada para rellenar las juntas.

instalación de armarios ✎

La mayoría de los cuartos de baño tienen al menos un armario dedicado a guardar los artículos de tocador y a veces también las medicinas. Muchos tienen una función adicional al llevar incorporado un espejo en la puerta, de ahí que el sitio idóneo para instalar este tipo de armarios sea encima del lavabo. Si el armario del cuarto de baño se usa también para guardar medicinas, hay que asegurarse de que esté en un lugar fuera del alcance de los niños o con un mecanismo de cierre fuera de su control.

Diseño de armarios

Al igual que con los accesorios del cuarto de baño, también existe una amplia gama de diseños de armarios. No sólo los hay de diferentes medidas, sino que también hay disponibles numerosos acabados. Muchos armarios tienen zonas abiertas ideales para colocar los objetos de uso cotidiano: así no es necesario estar abriendo y cerrando el armario continuamente.

Armario con una puerta de espejo y un estante.

Armario con doble puerta de espejo y un estante.

Armario con doble puerta con efecto envejecido.

Armario de esquina.

Armario con una puerta de espejo.

Armario estilo antiguo.

PINTAR ARMARIOS

Muchos armarios vienen ya barnizados o pintados, pero usted puede repintarlos si desea que haga juego con la decoración de su baño. Simplemente tiene que lijar muy bien la superficie de madera, añadir tapaporos y, finalmente, aplicar la pintura elegida.

Cómo sujetar el armario

Incluso los armarios más ligeros suponen un considerable peso para las sujeciones una vez que se han llenado de objetos de tocador; por eso es muy importante asegurarlos bien y evitar que se puedan desprender de la pared. La mayoría de armarios vienen provistos de sujeciones y de instrucciones para su instalación. El ejemplo que se muestra aquí enseña una técnica muy corriente para instalar un armario. Es importante que otra persona pueda ayudarle en esta tarea, para que, mientras uno sujeta firmemente el armario sobre su posición, el otro compruebe si está a la altura apropiada. Esto es importante sobre todo si las puertas del armario son de espejo, porque entonces habrá que colocarlo a una altura adecuada para que lo puedan utilizar todos los miembros de la familia.

Herramientas para el trabajo

Cinta métrica

Lapicero

Nivel de burbuja

Taladro sin cable

Destornillador

1 Este armario trae de fábrica unos agujeros en el reverso, de modo que hay que medir la distancia entre los agujeros con tanta precisión como sea posible. Hay dos agujeros en los extremos superiores del armario, y otros dos en los extremos inferiores. Hay que medir la distancia entre ellos, de lado a lado y de arriba abajo.

2 Marque estas medidas en la pared ayudándose de un nivel de burbuja para dibujar las líneas horizontales que representan la distancia entre los agujeros. Señale la posición de los agujeros sobre las líneas, y a continuación taladre e inserte los tacos en esos puntos.

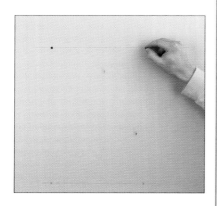

3 Coloque el armario en su posición y atorníllelo sobre los tacos. En este caso, se ha fijado un trozo de madera para reforzar las sujeciones. Se ha utilizado un destornillador de mano porque es difícil acceder con el destornillador inalámbrico a las uniones del armario. Los estantes pueden venir fijos en el armario o no. En este último caso, ponga los soportes de los estantes a ambos lados del armario, y colóquelos a continuación.

4 Coloque los tiradores, si los lleva, atornillándolos sobre los agujeros que vienen ya de fábrica en las puertas. En el caso de que éstas no tengan los agujeros hechos, utilice un taladro sin cable con una broca adecuada para hacerlos. Sujete un trozo de madera en el otro lado de la puerta para que la broca, al traspasar, taladre sobre él impidiendo que se astille la puerta.

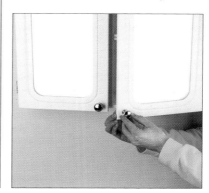

Los armarios cumplen un papel muy importante en el cuarto de baño, tanto ofreciendo espacio para almacenar objetos, como decorando las paredes.

instalación de espejos ✂

Los espejos son una parte integrante del diseño de un cuarto de baño; existe una amplia gama tanto en diseños como en accesorios para su instalación en la pared. El principal problema a la hora de instalar un espejo se presenta cuando no traen los agujeros de fábrica. En ese caso habrá que utilizar sujeciones o adhesivos especiales para colocarlo.

Espejos antivaho

Herramientas para el trabajo

Lapicero

Cinta métrica

Nivel de burbuja

Taladro sin cable.

1 En este ejemplo, el espejo se va a colocar encima de la zona de salpicadura, utilizando fijaciones atornilladas en la pared sin que sobresalgan de ésta. Empiece marcando los puntos de fijación de los dos ganchos inferiores, dibuje una línea sobre la pared utilizando el nivel de burbuja. En este caso, la línea se dibuja por encima de la superficie de salpicadura porque los huecos donde van a ir insertados los ganchos están ligeramente desplazados hacia arriba respecto al borde inferior del espejo.

2 Fije los dos ganchos inferiores en el lugar correspondiente, comprobando que la distancia entre ellos es la misma que la que existe entre los dos puntos de inserción en el reverso del espejo.

3 Mida hacia arriba, desde la posición de los dos ganchos inferiores, la distancia que debe haber para colocar los dos ganchos superiores. Asegúrese de que la distancia entre estos dos últimos corresponde exactamente con los puntos de inserción superiores del reverso del espejo. Es una buena sugerencia trazar una línea vertical entre los puntos superiores y los inferiores, ayudándose de un nivel de burbuja.

4 Atornille los dos ganchos superiores. Éstos tienen un diseño un poco diferente a los ganchos inferiores. Se trata de una abertura ovalada, en vez de redonda, que permite que el gancho se deslice hacia

arriba o abajo para ajustar bien la altura. Inserte el tornillo por la parte inferior de la abertura ovalada.

✋

Consejo de seguridad

Los trabajos eléctricos los debe realizar siempre un profesional.

5 Una vez que se ha hecho la instalación eléctrica, coloque el espejo en la pared. Fije la parte inferior del espejo sobre los ganchos inferiores, y después apoye el espejo contra la pared y deslícelo sobre los ganchos superiores hasta que se introduzcan en los puntos de inserción del reverso del espejo.

Utilizar adhesivo

Otra manera de instalar espejos en una pared es mediante adhesivo fuerte de contacto. Este tipo de producto se vende en tubos y se aplica con ayuda de una pistola selladora. Es necesario sujetar el peso del espejo mientras se seca.

Herramientas para el trabajo

Cinta métrica

Lapicero

Sierra

Mininivel

Taladro/destornillador sin cable

Pistola selladora.

1 Corte un listón de madera de la anchura del espejo. Fíjelo a la pared en el lugar donde debe quedar la base del espejo. Utilice un mininivel para comprobar que el listón esté correctamente nivelado.

2 Aplique adhesivo generosamente en el reverso del espejo.

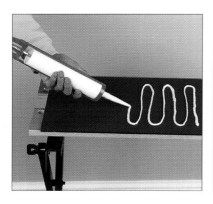

3 Coloque el borde inferior del espejo justo encima del listón. Una vez que el adhesivo se haya secado, quite el listón, rellene los agujeros de los tornillos con masilla y pinte o decore la pared.

Azulejos de espejo

Herramientas para el trabajo

Lapicero

Cinta métrica

Nivel de burbuja.

1 Utilice un nivel de burbuja para trazar con un lapicero una línea sobre la pared en el punto donde debe ir el borde inferior de la primera hilera de azulejos. Dibuje una línea vertical para posicionar la primera columna de azulejos. Pegue las tiras autoadhesivas en el reverso de los azulejos. Una en cada esquina suele ser suficiente, pero es un buen consejo que siga usted las instrucciones del fabricante.

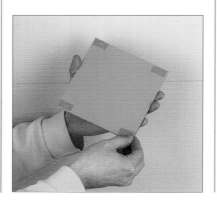

2 Realice su diseño a partir de las líneas trazadas sobre la pared. En la mayoría de los casos, puede dejar los cantos de los azulejos pegados uno contra otro, aunque algunos fabricantes recomiendan dejar un pequeño espacio.

TORNILLOS PARA ESPEJOS

Los tornillos para espejos son la mejor opción para fijar los espejos que vienen ya de fábrica con agujeros. Los tornillos tienen un diseño especial para poder ponerles unas cubiertas embellecedoras, una vez que se ha instalado el espejo. Como la mayoría de las sujeciones, los fabricantes proporcionan diferentes diseños, de modo que usted encontrará disponible una amplia gama en este tipo de accesorios. Algunos diseños incluyen una arandela que se coloca en el agujero del espejo antes de insertar el tornillo. Ésta ayuda a minimizar los riesgos de que el espejo se rompa cuando el tornillo se mete en el agujero (aunque de todos modos siempre deberá tener cuidado de no presionar demasiado). Del mismo modo varían los diseños de los tornillos, en cuanto a sus cubiertas. La gama va desde redondas a planas o cuadradas, y algunas se enroscan sobre los tornillos de los espejos, otras funcionan como un tope, o van enganchadas como si fueran un broche automático.

suelos

Aunque el espacio del cuarto de baño suele ser, por lo general, muy pequeño comparado con el de las demás habitaciones, elegir el suelo más apropiado para cubrir sus necesidades específicas requiere mucha atención. Algunos revestimientos para suelos no son recomendables en un cuarto de baño debido a las condiciones de humedad; un ejemplo son las alfombras y moquetas, que al retener humedad se estropean con muchísima facilidad. Los materiales más apropiados son aquellos que se pueden limpiar fácilmente, como las baldosas o el vinilo. Este capítulo muestra los tipos de revestimiento más comunes, y las mejores técnicas para su instalación y su acabado.

Se ha creado un diseño muy decorativo para el suelo de este cuarto de baño utilizando baldosas de diferentes colores y tamaños.

diferentes opciones de suelos

Apariencia, textura y confort son factores igualmente importantes a la hora de elegir un suelo. El cuarto de baño es una zona de la casa donde se pasa mucho tiempo descalzo, por eso es tan importante un cierto grado de confort. Algunas personas aceptan la fría sensación de la dureza de un suelo con baldosas porque valoran su resistencia y su calidad estética, pero, sin embargo, otras prefieren el moderno vinilo, que proporciona una sensación más cálida y confortable.

Baldosas

La variedad de baldosas en cuanto a calidad y precio es enorme. Pueden ser esmaltadas o de acabado mate, y las técnicas para su instalación pueden variar ligeramente de acuerdo a sus características. Cualquiera que sea el tipo de baldosa que usted elija, será un revestimiento ideal para su cuarto de baño, porque, aunque exige una técnica de instalación muy difícil, proporciona un acabado muy duradero. Si tiene una particular aversión a la sensación de frío que provoca la dureza de estas baldosas, puede instalar mecanismos de calefacción bajo el suelo.

DERECHA: *Los diseños de las baldosas pueden ser sencillos o tener un toque más personal y decorativo, variando su tamaño y color.*

Suelos de madera

Los suelos de madera pueden ser un buen revestimiento siempre y cuando sean tratados y rematados de una manera adecuada, con pintura, tinte o barniz, para que su superficie quede totalmente impermeabilizada. Puede que exijan un gran esfuerzo a la hora de preparar la madera, pero los resultados merecerán la pena. También existe la opción de cambiar un suelo de madera deteriorado por otro completamente nuevo, en vez de repararlo. Aunque en principio suponga más gasto, al final ahorrará tiempo y dinero. Un buen consejo es que utilice suelos con machihembrado, porque las fijaciones quedan ocultas y ofrecen un mejor acabado.

IZQUIERDA: *El suelo de madera produce un bonito ambiente natural en un cuarto de baño. Los tintes o barnices en tonos pálidos son siempre la mejor elección para mostrar la veta natural de la madera. En este baño, las molduras de las paredes acentúan la calidez de la madera y ayudan a dar un ambiente marino.*

Suelos laminados

Aunque los suelos laminados se utilizan en la mayoría de las habitaciones de la casa, su uso está vetado para el cuarto de baño. Sin embargo, hoy en día muchos fabricantes producen diseños que pueden tolerar perfectamente los rigores de una atmósfera húmeda. Antes de comprarlo, compruebe si las recomendaciones del fabricante lo incluyen para uso en cuartos de baño.

Suelos de corcho

Los suelos de corcho son una excelente elección para los cuartos de baño, porque además de ser confortables son fáciles de limpiar. Su instalación es relativamente fácil comparada con otros tipos de revestimiento. Hasta hace un tiempo sólo se podían encontrar en marrón natural, o en beis, pero actualmente hay una gran variedad de colores, que permiten componer diferentes diseños.

ARRIBA DERECHA: *El tacto suave y su decorativa apariencia hacen que los suelos laminados se utilicen cada vez más en los cuartos de baño.*

DERECHA: *El acabado en corcho natural proporciona un revestimiento para suelos atractivo, práctico y confortable, ideal para un cuarto de baño.*

ABAJO: *La gama en suelos de vinilo es tan variada, que requiere tiempo elegir el diseño que mejor combine con la decoración del cuarto de baño.*

Suelos de vinilo

El vinilo es una elección muy común para un cuarto de baño gracias a lo práctico y decorativo que resulta. Pueden encontrarse modelos lisos o estampados. La calidad también varía mucho, pero eso implica que usted podrá elegir un revestimiento de vinilo, aunque su presupuesto sea limitado. Si quiere algo más lujoso, entonces se podrá decantar por vinilos gruesos, de gran calidad y sumamente confortables.

colocación de una base de suelo ⁄⁄

Antes de colocar el recubrimiento del suelo se necesita preparar la base del suelo para hacerla adecuada para recibir dicho recubrimiento. Esto es particularmente importante en el caso de los cuartos de baño, en los que la atmósfera húmeda puede imponer demandas más exigentes al solado. La preparación de la base del suelo puede dividirse, de manera amplia, en dos categorías, dependiendo de que el suelo existente sea de hormigón o madera.

Suelos de hormigón

El hormigón constituye una base idónea para solar, debido a su rigidez. En soleras nuevas, el hormigón debe haber secado totalmente antes de la colocación del nuevo suelo. Esto puede durar algunos meses, dependiendo del espesor de la última capa. En soleras antiguas, debe prestarse atención al estado de la superficie. Por ejemplo, puede tener que rellenar huecos o aplicar un compuesto autonivelante para lograr una superficie perfectamente nivelada.

Herramientas para el trabajo

Escoplo con protección y mazo
Paleta de albañil
Cepillo de alambres rígidos
Brocha
Paleta de enlucir
Taladro eléctrico y accesorio mezclador
Cubo
Gafas de protección

1 Utilice un escoplo y un mazo para eliminar los puntos altos de la superficie de la solera de hormigón.. En

caso contrario puede sobresalir o incluso cortar el recubrimiento del suelo y arriesgarse a tener daños.

2 Rellene las oquedades o agujeros del suelo, bien con una mezcla de mortero, bien con una mezcla rígida de compuesto autonivelante.

3 Barra el suelo para eliminar cualquier suciedad y aplique una capa de disolución de adhesivo de polivinilo (pva) (una parte de pva y cinco de agua), con objeto de estabilizar la superficie del suelo.

4 Mezcle cierta cantidad de compuesto autonivelante en un cubo, añadiendo agua, según las instrucciones del fabricante. Puede hacer la mezcla a mano, pero un método más fácil es el uso del accesorio mezclador del taladro

eléctrico. Para evitar salpicaduras, arranque y pare el taladro tan sólo cuando el accesorio mezclador esté totalmente sumergido en el compuesto. En cualquier caso, conviene llevar gafas de protección cuando se utiliza el taladro con accesorio mezclador.

5 Una vez realizada la mezcla correctamente, vierta inmediatamente el compuesto autonivelante sobre la superficie de la solera, alisando a través de toda la zona del suelo con ayuda de una paleta de enlucir. Como sugiere su nombre, el compuesto produce una buena nivelación por sí mismo, según seca, por lo que no necesita realizar un recubrimiento perfectamente nivelado. Deje secar durante una noche, tras lo cual elimine cualquier zona basta, usando papel abrasivo.

Consejos profesionales

El compuesto autonivelante no asienta bien sobre suelos de base asfáltica, o sobre los que se hubiera aplicado un recubrimiento con una parte trasera asfáltica. En tales casos debe asegurarse de la total eliminación de restos de asfalto de la superficie de la base del suelo, antes de proceder a la aplicación del compuesto autonivelante.

Suelos de madera

Como en el caso anterior, el estado general del suelo de madera determinará su idoneidad para la colocación de un recubrimiento de suelos específico. El tipo de tablero de madera también influirá en la cantidad de trabajo preparatorio necesario. Por ejemplo, una base de aglomerado puede no requerir preparación adicional alguna si pretende colocarse un recubrimiento de laminado o de vinilo, pero, para un suelo de baldosas, puede necesitar un tablero adicional de contrachapado como base. Las tarimas convencionales generalmente precisan una mayor preparación.

Preparación de suelos de tablas

Se deben seguir ciertos procedimientos antes de la colocación de un recubrimiento o base de suelo sobre las tablas. Compruebe que todas las tablas están bien fijas. Quite los clavos de cualquier tabla suelta o floja, y vuelva a unirlas mediante tornillos, para evitar en el futuro posibles movimientos. Por razones obvias de seguridad y estructurales, tenga cuidado de no realizar la unión perforando tuberías de agua o gas, o cables que haya bajo la superficie.

Colocación de tableros de cartón piedra

El cartón piedra se usa a menudo para nivelar superficies no uniformes de tablas de madera, y pueden graparse o clavarse en su sitio. Se suministra, generalmente, en hojas de 120 x 60 cm y debería clavarse con un espaciado de 10 cm. De nuevo, asegúrese de que los clavos son suficientemente largos para fijar el tablero, pero que no queden por encima del nivel del suelo.

Herramientas para el trabajo

Martillo

Cuchillo o cúter

Regla (o listón de borde recto)

Cinta métrica

Lápiz

Tijeras

Sierra de calar

Consejos profesionales

El tablero de cartón piedra de calidad para suelos es idóneo para bases de suelo, ya que está tratado y es menos probable que expanda con los cambios de las condiciones ambientales. Permita que se aclimate a la habitación en que va a instalarse, durante 24 horas, antes de que se fije.

1 Una el cartón piedra a las tablas del suelo existentes, de modo que las hojas adyacentes queden tocando a tope y que las juntas entre las diferentes líneas de tableros de cartón piedra queden escalonadas. Para cortar las hojas a su tamaño, marque con el cúter, guiado por una regla, y separe la parte no deseada.

2 Utilice una plantilla para cortar el cartón piedra en los sitios de forma difícil. Para ello, corte numerosas ranuras en un papel o cartulina y coloque ésta alrededor de la forma difícil, en este caso la base de un pedestal de lavabo. Dé forma a las hendiduras alrededor del pedestal y trace una línea con el lápiz en la juntura del pedestal con las tablas.

3 Corte a lo largo de la línea a lápiz, y traslade el perfil sobre una plancha de cartón piedra previamente cortada a su medida.

4 Corte la plancha de cartón piedra con una sierra de calar. Una vez recortada, ajústela en su sitio en la base del pedestal.

83

colocación de un suelo de vinilo ⁊⁊⁊⁊

El suelo de vinilo se suministra en gran variedad de estilos y es de fácil limpieza y cómodo para los pies. Es, sin embargo, de colocación relativamente difícil, ya que no hay mucha tolerancia para errores en el corte para su instalación. La mejor técnica es la realización de una plantilla antes de iniciar el corte. Puede resultar una tarea tediosa, pero es muy útil para cortar el vinilo a su tamaño aproximado antes de proceder a su recorte definitivo.

suelos

84

Herramientas para el trabajo

Tijeras
Regla o escoplo
Cúter
Paleta extendedora con muesca
Pistola o dispensador de sellador

Colocación del vinilo

1 Haga una plantilla del suelo en papel. Permita que el papel monte en la parte inferior de la pared y corte para que ajuste a los obstáculos, como el inodoro. Una con cinta todas las hojas para que no se deslicen. Pliegue el papel en las junturas entre el suelo y el rodapié, y trace una línea de guía por ese punto.

2 Quite la plantilla del suelo y corte a lo largo de la línea. Pegue la plantilla sobre el vinilo, con la forma deseada hacia arriba, y ajústelo en un sitio en el que se recorte en la zona más apropiada. Corte alrededor de la plantilla, dejando una zona extra de 5 cm, que se recortará tras la instalación del vinilo. Deje el mismo material extra (5 cm) alrededor de los sanitarios.

3 Quite la plantilla y extienda el vinilo en el cuarto de baño. Deje que el exceso monte sobre el borde inferior de la pared o sobre el rodapié. Pliegue el vinilo en la juntura del suelo y el rodapié para comprobar que hay un exceso uniforme en todo el perímetro.

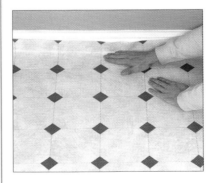

4 Para asegurar un ajuste preciso, pliegue el vinilo a lo largo de la juntura del suelo con el rodapié. Una regla larga puede utilizarse en esta tarea, pero un escoplo permite aplicar una mayor presión en zonas pequeñas, haciendo más precisa la junta del suelo. Corte con un cúter el vinilo a lo largo del pliegue de la junta, moviendo a la vez el escoplo a lo largo de la siguiente zona a recortar. Cambie frecuentemente la hoja del cúter para mantener la precisión del corte.

5 Para recortar alrededor de aparatos, como el inodoro o el pedestal del lavabo, se utiliza un método algo diferente. Deje que el vinilo se solape sobre la parte inferior del aparato, en la forma habitual. Haga pequeños cortes verticales en la zona de solapa, hasta la junta que se forma en la unión con el suelo. Cuide de no arañar con el cúter la superficie del obstáculo, en este caso el inodoro. También debe tener cuidado de no pasarse en el corte o rasgar el vinilo. Deje un espacio de aproximadamente un centímetro entre cortes.

6 Elimine cada uno de los trozos realizados mediante los cortes verticales, recortando con precisión a lo largo de la unión del sanitario y la superficie del suelo. Trabaje poco a poco hasta que el vinilo ajuste bien.

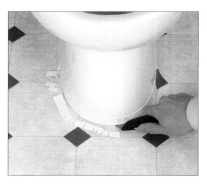

7 Una vez recortada de forma ajustada la hoja completa, hay que centrarse en su fijación en el lugar adecuado. Algunos vinilos de mucha resistencia pueden no necesitar una fijación física; sin embargo, conviene hacer algún tipo de sellado alrededor del borde del vinilo, ya que ello impedirá la entrada de agua por debajo de la superficie del vinilo y, con ello, daños en la base del suelo. La cinta adhesiva por las dos caras para suelos es el material ideal para unir suelos de vinilo. Enrolle el vinilo hacia el interior en todo el perímetro de la habitación. Aplique directamente la cinta adhesiva, junto al rodapié. Retire la protección del adhesivo superior de la cinta y vuelva a extender el vinilo, presionando para que quede seguro.

8 Cuando se haya utilizado más de una hoja de vinilo, en cuartos de baño grandes, puede tener que unirse dos tramos de vinilo en una zona de la habitación. En este caso, trate de que la unión coincida con dos cortes de fábrica de las hojas de vinilo, ya que serán más precisos que los cortes hechos a mano. Para asegurar la unión puede utilizarse cinta adhesiva por ambas caras o pegamento para suelos. La opción del pegamento es más sensata en las uniones de vinilo,

especialmente si la junta está situada en una zona del cuarto muy usada. La unión mediante el adhesivo suele ser más durable que la realizada con cinta adhesiva. Aplique adhesivo sobre la zona de la unión, extendiéndolo con una paleta extendedora con muesca.

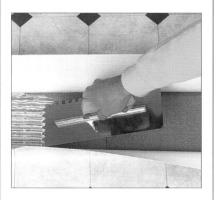

Sellado estanco

Resulta muy conveniente la adición de un sellado extra a lo largo del borde del vinilo, que actuará como una barrera más contra la salida del agua. Un cordón de sellador de silicona en la juntura entre el rodapié y el borde del vinilo formará una barrera relativamente estanca al agua.

1 Aplique cinta de carrocero a lo largo del rodapié y de la superficie del suelo, a cada lado de la juntura, guardando una distancia lo más uniforme posible entre ambas bandas de cinta de carrocero.

2 Corte la boquilla de un tubo de sellador de silicona a un diámetro algo superior a la distancia dejada entre las dos tiras de cinta de carrocero. Utilice una pistola o dispensador de sellador para extender

un cordón de silicona a lo largo de la junta. A continuación alise el cordón con un dedo mojado.

3 Antes de que seque la silicona, quite las tiras de cinta de carrocero y compruebe que hay un buen sellado. Puede tener que volver a alisar el sellador antes de que seque completamente.

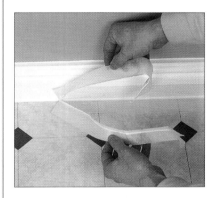

👍
Consejos profesionales

• **Temperatura del cuarto:** El vinilo puede plegarse mejor a una temperatura templada, por lo que puede ser conveniente mantener la calefacción del cuarto al máximo mientras coloca el vinilo. Esto facilita la realización del plegado del vinilo en los bordes de la pared.

• **Utilización de un secador de pelo:** El plegado preciso puede ser muy difícil, especialmente si se usa vinilo de gran espesor. La utilización de un secador de pelo para calentar el vinilo a lo largo del borde: puede facilitar el proceso, ya que ablandará el vinilo.

• **Paneles de bañera:** Cuando coloque el vinilo, retire siempre cualquier panel de bañera adyacente, permitiendo que el vinilo penetre bajo la posición del panel. Antes de volver a colocar el panel, aplique un cordón de sellador de silicona a lo largo de la juntura entre el panel y el vinilo, para formar un sellado estanco.

colocación de un suelo de baldosas ⁄⁄⁄

Las baldosas son idóneas para suelos de cuartos de baño, por su durabilidad y aspecto. Sin embargo, se necesita planear minuciosamente el trabajo y utilizar las técnicas correctas para maximizar estas dos cualidades. Si las baldosas no están vidriadas, es importante sellarlas con una disolución selladora especial. En caso contrario, su superficie puede ensuciarse con adhesivo y lechada, que pueden resultar de difícil limpieza. La mayor parte de las baldosas para suelos se suministran con superficie vidriada, lo que facilita su colocación.

Por dónde empezar

La mayor parte de las habitaciones no está perfectamente a escuadra, por lo que no conviene comenzar en la unión con el suelo de una pared o rodapié, ya que las pequeñas imperfecciones en la alineación de la pared pueden verse ampliadas al avanzar la colocación de las baldosas en el suelo. Por tanto, debe empezar por hallar el centro de la habitación. Una un cordel entizado entre paredes opuestas, ténselo y suelto, dejando marcada en el suelo una línea de tiza, que servirá de guía. Repita el proceso entre las otras paredes opuestas. El punto en que se cortan ambas líneas de guías será el centro de la habitación. Todos los diseños de baldosas deben planearse a partir de este punto. Extienda las baldosas, sin adherirlas, para seleccionar el mejor punto de partida, que idealmente está en una pared con pocos obstáculos, en un punto alejado de los principales sanitarios del cuarto de baño. Puede entonces trazar una nueva línea de referencia para el comienzo de la primera fila completa de baldosas. Esta línea debe ajustarse de modo que los cortes de baldosas que se necesiten en los bordes del cuarto queden equilibrados.

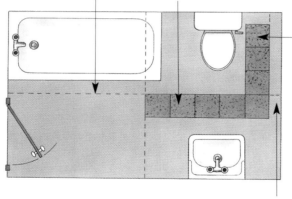

El punto de intersección de las líneas de tiza es el centro de la habitación.

Las baldosas se extienden en seco, sin adherirlas, para determinar la posición de la primera baldosa.

Punto de partida para la colocación de la primera baldosa; primero se colocan las baldosas enteras.

Las baldosas cortadas se colocan una vez puestas todas las baldosas completas previstas en el diseño.

Colocación de las baldosas

Herramientas para el trabajo

Llave inglesa

Llave de lavabo

Cortadora de baldosas o sierra para baldosas

1 En el ejemplo se colocan baldosas sobre una base de tablero (véanse páginas 82-83). Asegure listones de madera sobre la línea de referencia del inicio y en ángulo recto con esta línea, para proporcionar un buen borde recto contra el que apoyar las baldosas. Aplique adhesivo con una paleta extensora con muesca en la zona en que van a colocar las primeras baldosas.

2 Coloque la primera baldosa, dejando que asiente en el lecho de adhesivo, antes de apretar firmemente en el sito adecuado.

3 Continúe colocando baldosas, dejando una separación uniforme entre cada baldosa, utilizando trozos de cartulina como espaciadores.

4 De cuando en cuando use un nivel para verificar que todas las superficies quedan a ras. Compruebe que ninguna baldosa sobresale por encima de la superficie, o queda hundida con respecto a ella.

5 Cuando todas las baldosas que no precisan corte han sido colocadas, se completa el espacio existente en el borde del cuarto con baldosas cortadas. Conviene que el conjunto principal de baldosas seque, antes de comenzar la colocación, ya que tendrá que ponerse sobre las baldosas para poder medir.

6 Trace líneas de guía en las baldosas que hay que cortar. Utilice una cortadora de azulejos para hacer una muesca profunda y dé un golpe a lo largo de la marca.

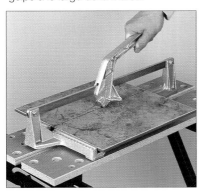

7 Una sierra para baldosas es la herramienta idónea para hacer las curvas. Utilice la técnica de la plantilla, explicada en los pasos 3 y 4 de la página 83, para trazar del modo correcto líneas de referencia.

8 Una vez colocadas todas las baldosas, y seco el adhesivo, mezcle algo de lechada y rellene los huecos entre las baldosas. Presione firmemente en su sitio la lechada y limpie los restos.

También pueden alicatarse las paredes y cajeados de un cuarto de baño, para lograr un acabado integrado, estanco y de fácil limpieza. Véanse las páginas 100-105 para el alicatado de paredes.

4 De cuando en cuando use un nivel para verificar que todas las superficies quedan a ras. Compruebe que ninguna baldosa sobresale por encima de la superficie, o queda hundida con respecto a ella.

5 Cuando todas las baldosas que no precisan corte han sido colocadas, se completa el espacio existente en el borde del cuarto con baldosas cortadas. Conviene que el conjunto principal de baldosas seque, antes de comenzar la colocación, ya que tendrá que ponerse sobre las baldosas para poder medir.

6 Trace líneas de guía en las baldosas que hay que cortar. Utilice una cortadora de azulejos para hacer una muesca profunda y dé un golpe a lo largo de la marca.

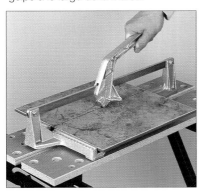

7 Una sierra para baldosas es la herramienta idónea para hacer las curvas. Utilice la técnica de la plantilla, explicada en los pasos 3 y 4 de la página 83, para trazar del modo correcto líneas de referencia.

8 Una vez colocadas todas las baldosas, y seco el adhesivo, mezcle algo de lechada y rellene los huecos entre las baldosas. Presione firmemente en su sitio la lechada y limpie los restos.

También pueden alicatarse las paredes y cajeados de un cuarto de baño, para lograr un acabado integrado, estanco y de fácil limpieza. Véanse las páginas 100-105 para el alicatado de paredes.

colocación de un suelo de losetas ⁄⁄

La planificación de la disposición, diseño, orden del trabajo y mejor punto de inicio es la misma que la explicada para las baldosas (véase el diagrama de la página 86). Sin embargo, las losetas flexibles pueden colocarse directamente sobre bases de contrachapado, cartón-piedra (a ser posible especial para suelos) o solera de hormigón, siempre que estén totalmente lisos y secos. En el último caso, posiblemente tendrá que extender compuesto autonivelante sobre la solera de hormigón para tener una superficie estable para las losetas.

Colocación de losetas de corcho

Hay dos tipos de losetas flexibles: de vinilo y de corcho. En este ejemplo se colocan losetas de corcho, pero la técnica usada en ambos casos es muy similar. Las losetas blandas pueden pegarse al suelo con un adhesivo para baldosas. En este caso, es preferible aplicar el adhesivo al suelo, con preferencia a las baldosas. Las utilizadas aquí son, sin embargo, de parte posterior autoadhesiva.

Herramientas para el trabajo

Lápiz y cinta métrica
Cordel entizado
Brocha
Cúter
Tijeras

1 Dé una imprimación a la base de suelo para sellar su superficie y mejorar la adherencia entre el suelo y las losetas. Para ello, es idónea una disolución de adhesivo de polivinilo (pva) (cinco partes de agua y una parte de pva). También puede utilizar un sellador patentado, recomendado por el fabricante de losetas.

2 Haga una línea de referencia de comienzo, en la forma habitual (véase página 86). Quite la protección de la cara posterior de la primera loseta, asegurándose de que su superficie no se pone en contacto con ninguna otra superficie en esa etapa.

3 Coloque con mucho cuidado la primera loseta, haciendo el contacto inicial entre la loseta y el suelo a lo largo de la línea de referencia hecha a lápiz. Su recolocación sólo es posible antes de ser apretada en su lugar firmemente. Tómese el tiempo necesario en esta etapa.

4 Baje el otro borde de la loseta y presione sobre toda la superficie de la loseta; asegúrese de lograr un buen contacto con la base del suelo.

5 Continúe añadiendo losetas, colocando los bordes de las nuevas contra los de las ya colocadas. Asegúrese de que la unión sea lo más apretada posible, de modo que el agua no pueda penetrar por los bordes.

6 Coloque primero las losetas enteras, siguiendo después con los bordes del cuarto y las zonas alrededor de los sanitarios. En las formas difíciles, como en los pedestales de lavabo, utilice una plantilla de papel para disponer de una referencia precisa para el corte. Haga una serie de cortes en un papel (que debe estar cortado al tamaño de la loseta), en la zona en que quedará en contacto la loseta y el obstáculo. Deje que las tiras del papel se solapen con la parte inferior del pedestal, y trace una línea de guía con un lápiz sobre la juntura del pedestal y el suelo.

7 Corte las tiras de papel y coloque la plantilla sobre una loseta entera. Dibuje una línea de guía sobre la loseta.

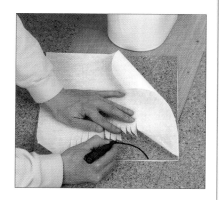

8 Utilice unas tijeras afiladas o un cúter para recortar la loseta, quitando la parte no deseada. Quite la protección de la parte posterior y coloque la loseta.

9 Para los cortes rectos necesarios alrededor del borde del cuarto, haga las medidas requeridas y traspáselas a las losetas. También puede usar un método algo más profesional, colocando una loseta sobre la entera que esté más próxima a la zona en que hay que colocar la loseta cortada. Ponga otra loseta sobre ésta y deslícela hasta que toque la superficie del rodapié. Corte, a lo largo del borde de la loseta de arriba, la loseta de debajo, con cuidado de no dañar la loseta del nivel del suelo. En lugar de cortar las losetas directamente en el sitio, es recomendable que los principiantes utilicen un lápiz para marcar la loseta, en lugar de cortarla. En ese caso puede retirarse la loseta, cortarla y volver a instalarla.

10 Quite la loseta de arriba y recoja el trozo quitado de la loseta inferior. Éste encajará perfectamente en el hueco entre la loseta entera y el rodapié.

Consejos profesionales

Las losetas de vinilo no requieren generalmente tratamiento adicional alguno tras su colocación. Sin embargo, las de corcho necesitan habitualmente dos o tres capas del sellador recomendado por el fabricante, con objeto de proporcionar una superficie estanca al agua, lo que resulta esencial en un cuarto de baño.

Las losetas de corcho proporcionan una superficie de suelo para cuarto de baño que resiste bien y que puede soportar los ataques constantes de una atmósfera húmeda.

suelos de tablas de madera ✂✂

Los suelos de tablas de madera requieren una buena cantidad de trabajo preparatorio para lograr un acabado atractivo y durable, especialmente si se trata de un suelo viejo o se le ha aplicado previamente un recubrimiento decorativo. Para tarimas nuevas, la preparación es mucho más sencilla, ya que los recubrimientos pueden aplicarse directamente sobre la madera nueva. Muchos de los pasos de la secuencia presentada se refieren a tablas a las que previamente se había aplicado un revestimiento decorativo que debe ser completamente decapado antes de aplicar el nuevo acabado.

Por dónde empezar

1. Use una lijadora de suelos en ángulos de 45° con respecto a la dirección de las tablas, realizando recorridos que se superpongan ligeramente a lo ancho de todo el suelo.

2. Repita las pasadas a 45°, en la dirección opuesta, con la lijadora de suelos. De nuevo, haga una ligera solapa entre cada paso.

3. Utilice la lijadora por todo el suelo en la dirección de las tablas y el sentido de la veta.

4. Use una lijadora de bordes para terminar el perímetro del cuarto, cerca del rodapié.

5. Use una lijadora de esquinas para llegar bien a los rincones.

Herramientas para el trabajo

Martillo y punzón para clavos

Lijadora de tambor

Lijadora de bordes

Lijadora de esquinas

Aspiradora

Trapos

Brocha

Preparación del suelo

1 Tal como indica su nombre, una lijadora de tambor dispone de un tambor o cilindro giratorio, al que se une el papel de lija. Sujete el papel de lija en su sitio con una barra de retención atornillada. La frecuencia de sustitución de la hoja de papel abrasivo depende del estado del suelo de su cuarto de baño. También logrará los mejores resultados reduciendo el tamaño de grano del papel de lija en cada pasada. De este modo, al tener cada vez un grano más fino, el acabado será más liso, lo que es esencial para caminar con los pies desnudos.

Para suelos de tablas de madera es mejor utilizar lijadoras (máquinas de acuchillar) eléctricas. Éstas pueden alquilarse por días en comercios locales. Generalmente se requieren tres tipos de máquina: una lijadora grande de tambor servirá para la zona central de la habitación, una lijadora de bordes es adecuada para el perímetro y una lijadora de esquinas proporciona acceso a los rincones del cuarto. El uso de lijadoras es un trabajo sucio, por lo que hay que tomar una serie de precauciones para evitar que el polvo o escombros no se dispersen por todo el resto de su casa. Si es posible, proteja los bordes de la puerta del cuarto de baño con cinta de carrocero, con objeto de prevenir que el polvo salga hacia otras zonas de la casa, y abra la ventana para incrementar la ventilación. Las gafas de protección y la mascarilla para polvo son equipos esenciales; igualmente es conveniente el uso de protectores auditivos. La figura anterior muestra la mejor forma de realizar el lijado de suelos de tablas de madera. Como con toda maquinaria, lea las instrucciones del fabricante antes de su utilización.

👍

Consejos profesionales

Asegúrese de que todas las tablas están sujetas firmemente antes de empezar a lijar, y de que todas las puntas de clavos estén bien remetidas dentro de la superficie del suelo. Si no hace esto, puede dañarse la lijadora o destrozar el papel de lija, lo que le puede acarrear gastos mayores.

2 Comience con la lijadora de tambor. Lije el suelo a 45 ° con la dirección de las tablas, como en la figura de la página anterior. Levante siempre la parte delantera de la lijadora al comenzar a lijar, y baje con cuidado hasta que el cilindro se apoye sobre el suelo. El arranque de la lijadora con ésta colocada en su posición plana sobre el suelo puede producir hendiduras o marcas desagradables en la madera. Continúe la secuencia con la lijadora de tambor, tal como se muestra en la figura.

3 Una vez completada la zona central del cuarto, use una lijadora de bordes en el perímetro del cuarto y de los obstáculos, tales como el inodoro o el pedestal del lavabo. La lijadora de esquinas también puede ser útil en la zona central, especialmente cuando el suelo tiene incrustaciones. A veces, el diseño de la lijadora de tambor no permite su uso efectivo en pequeñas depresiones de la superficie del suelo, en las que es más útil la lijadora de bordes, con su movimiento orbital. Conviene gastar el tiempo necesario en este paso para conseguir el mejor acabado posible.

4 El extremo en punta de la lijadora portátil de esquinas es el adecuado para alcanzar adecuadamente los rincones del cuarto, inaccesibles para las lijadoras de tambor y de bordes.

Terminación del suelo

Una vez eliminados de las tablas los recubrimientos previos de tintura, pintura o barniz, podrá aplicar las nuevas capas de acabado, que proporcionarán la terminación atractiva y estanca al agua. En este caso se aplica un simple barniz.

1 Cepille el suelo para eliminar tanto polvo como pueda, y pase después la aspiradora para quitar cualquier escombro adicional. Preste especial cuidado en las juntas entre tablas y entre el suelo y el rodapié.

2 Pase un trapo impregnado de trementina para limpiar minuciosamente la superficie del suelo y eliminar las partículas de polvo que hayan quedado.

3 Aplique barniz al suelo, de modo que las cerdas de la brocha sigan el sentido de la veta de la madera.

4 Añada dos o tres capas de barniz, lijando con papel abrasivo fino entre cada mano.

👍 Consejos profesionales

Las tablas de madera necesitan varias capas de tintura, pintura o barniz. Trate de utilizar variedades acrílicas de secado rápido, de modo que las diversas capas puedan darse en el mismo día.

colocación de un suelo laminado

Los suelos de laminado son una versión más lisa de los suelos de tarima. Hay disponibles muchos tipos diferentes, incluyendo algunos adecuados para cuartos de baño. Compruebe siempre las guías de los fabricantes para estar seguro de que el elegido es válido para el cuarto de baño, ya que, a menudo, el diseño del laminado no muestra nada que indique en forma obvia su idoneidad. El método de fabricación es lo que determina la resistencia a la atmósfera húmeda del cuarto de baño.

Por dónde empezar

Los suelos de laminado se suministran en tableros de diversos tamaños, dependiendo del fabricante. Normalmente tiene una longitud de 90 cm, pero puede haberlos mucho más largos. Cualquiera que sea su longitud, se van formando filas según vaya progresando a través de la habitación. Las uniones entre las filas subsiguientes de tableros se escalonan para dar una forma enladrillada que dará más fortaleza y mejorará el aspecto del suelo. Como el corte del laminado puede ser muy delicado, conviene empezar por la mayor extensión libre de obstáculos del cuarto. De forma ideal, esto corresponde a la pared más larga del cuarto de baño con la menor cantidad de sanitarios. Aunque las paredes no suelen ser perfectamente rectas o a escuadra, las pequeñas imperfecciones se notan menos con un suelo de laminado que en el caso de otras superficies con un diseño geométrico más preciso, como en los suelos de baldosas. Por tanto, el comenzar por un rodapié o una unión de pared y suelo es perfectamente admisible. Sin embargo, si hubiera grandes ondulaciones en la pared, puede tener que separar algo la línea de comienzo, con objeto de lograr un efecto más equilibrado.

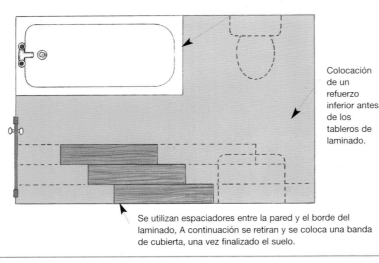

Corte de baldosas bajo los sanitarios.

Colocación de un refuerzo inferior antes de los tableros de laminado.

Se utilizan espaciadores entre la pared y el borde del laminado, A continuación se retiran y se coloca una banda de cubierta, una vez finalizado el suelo.

👍 Consejos profesionales

Antes de colocar un suelo de laminado, considere la retirada de los rodapiés. Puede colocar el suelo de laminado más fácilmente y volver a poner el rodapié después de finalizar el suelo, para lograr un borde limpio.

👍 Consejos profesionales

Si es posible, coloque el suelo de laminado antes de instalar los obstáculos tales como el pedestal del lavabo. Considere igualmente la posibilidad de instalar un lavabo adosado a la pared en el cuarto de baño, con objeto de reducir al mínimo los problemas de instalación del suelo.

Herramientas para el trabajo

Cinta métrica

Lápiz

Cúter o tijeras

Serrucho o sierra de calar

Martillo

Taco para los golpes

Palanqueta de pata de cabra

Esponja

Sierra de ingletes

Colocación del suelo

1 Desarrolle el refuerzo inferior por encima de la superficie de la base del suelo, colocado tocando los tramos adyacentes de refuerzo, según vaya progresando en la colocación del refuerzo. Este refuerzo inferior es muy ligero y se suministra en rollos, por lo que su colocación resulta sencilla. El espesor depende de los fabricantes.

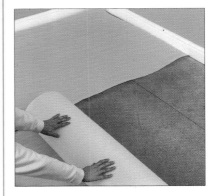

2 Ajuste el refuerzo inferior hasta el borde del rodapié, pero no permita que se solape a la superficie del rodapié o la pared. Cuando lo necesite, corte el refuerzo inferior con un cúter o unas tijeras muy afiladas.

3 Coloque el primer tramo de suelo de laminado contra el rodapié, en el punto de partida escogido. Sitúe el borde en hembra contra el rodapié, en tanto el borde macho apunta hacia el centro de la habitación. Coloque separadores entre el tablero de laminado y el rodapié para mantener una separación uniforme.

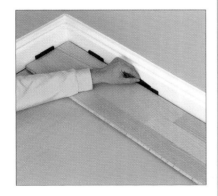

4 En la segunda fila de tableros, corte el primer tramo, de modo que se cree un dibujo enladrillado, con las juntas de cada fila escalonadas. Corte los tableros con una sierra de calar o serrucho.

5 Aplique cola de madera o un adhesivo recomendado por el fabricante del suelo al macho del borde de la primera fila de tableros.

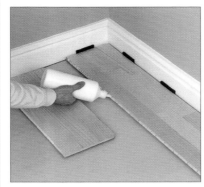

6 Coloque el tramo cortado, con el borde hembra alineado con el borde macho de la primera fila de tableros. Utilice un martillo y un taco para golpes, para introducirlo en su posición con pequeños golpes. No golpee nunca el macho del tablero directamente con el martillo, ya que se dañaría.

7 Limpie el exceso de pegamento de la superficie del suelo, sin darle la oportunidad de secarse. Posteriormente puede ser difícil su limpieza.

8 Siga añadiendo tablas de laminado y construyendo las tiras a lo largo de la habitación. Use una pata de cabra para remachar a su sitio el mecanismo de bloqueo del machihembrado en los extremos de los tableros.

9 Cuando complete el solado, retire los espaciadores y añada una moldura de acople a lo largo del borde. En este caso, el fabricante ha suministrado una banda a juego, con cinta autoadhesiva para la unión con el rodapié. Tendrá que cortar en inglete los extremos de cada moldura, de modo que ajuste de forma limpia en los rincones del cuarto.

TIPOS DE BASES DE SUELO

Los suelos de laminado son extremadamente versátiles. Puede colocarse sobre hormigón, siempre que esté totalmente seco. El fabricante también puede especificar la colocación de una lámina de plástico antes de extender el laminado. Por otra parte, los suelos de laminado pueden colocarse sobre bases de suelo de contrachapado, cartón piedra o aglomerado.

colocación de baldosines de mosaico ⁄⁄⁄

Algunos fabricantes suministran actualmente gresite apropiado para suelos. Se suministra en hojas, lo que permite la colocación de un gran número cada vez. La colocación de las teselas una a una sería trabajo muy laborioso y de mucho tiempo, incluso en el cuarto de baño más pequeño. En la colocación de gresite, su mayor preocupación debe ser que quede puesto de la forma más uniforme y plana posible, de modo que quede un piso confortable.

👍 Consejos profesionales

Si los bordes de las teselas del gresite sobresalen de la superficie del suelo, dado su pequeño tamaño, puede resultar un piso poco confortable, por lo que es fundamental que la superficie sobre la que se coloca esté bien nivelada. Las bases de hormigón o de contrachapado son idóneas, ya que las de otras superficies son rara vez suficientemente rígidas. Verifique que no sobresalen clavos o bultos de la superficie de la base del suelo.

Herramientas para el trabajo

Cinta métrica y lápiz

Martillo

Paleta extensora con muesca

Rodillo pequeño

Extensor de lechada

Tijeras

Tenacilla para azulejos

Esponja

1 La elección de un punto de inicio adecuado para la colocación del gresite es vital y varía ligeramente con relación a la colocación de baldosas de mayor tamaño. Sin embargo, es importante empezar la colocación de los baldosines en una pared de la habitación, usando un listón como barrera de apoyo inicial, tocando contra el mismo las teselas. Coloque el listón cerca de la pared, de forma ideal a una distancia del rodapié igual a la anchura de dos o tres teselas. (Cuando se retire el listón será sencillo rellenar el hueco con los pequeños baldosines.) Las hojas de gresite no se colocan directamente junto al rodapié, ya que, si el cuarto no está hecho totalmente a

escuadra, cualquier ángulo de diferencia se exagerará en el dibujo acabado del gresite. El segundo listón aquí mostrado (fijado a 90° con relación al primero) proporciona una buena guía para obtener un diseño cuadrado que aparecerá equilibrado y alineado con las paredes de la habitación, aunque éstas no estén totalmente a escuadra. Extienda adhesivo sobre la base del suelo, en la zona en que van a colocarse las primeras hojas de gresite.

2 Retire la protección de la cara posterior de la primera hoja de gresite. Esta protección puede ser de plástico o papel, y su única función es facilitar su manejo antes de la colocación.

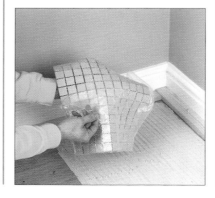

3 Coloque la hoja de gresite en su sitio, con el lado de adhesivo hacia abajo, de modo que los bordes de las teselas de dos de los lados descansen contra el ángulo recto formado por los dos tablones. Una hoja de gresite no es rígida, como las baldosas, por lo que debe comprobar todos los bordes de las teselas, de modo que ninguna quede ensartada fuera de sitio. Corrija cualquiera que quede fuera de alineación, antes de que el adhesivo pueda secar.

4 Pase un rodillo pequeño sobre la superficie de la hoja. Aplique una presión uniforme en toda su extensión para que asienten todas las teselas de gresite en el lecho de adhesivo y verifique que cada uno de los baldosines quede lo más plano posible.

5 Coloque la siguiente hoja de gresite de la misma forma, insertando trozos de cartulina a modo de separadores entre las diferentes hojas, para mantener una distancia uniforme entre ellas.

6 La naturaleza flexible de las hojas de gresite puede hacer que alguna de las teselas se mueva y quede mal colocada. Más que comprobar y recolocar cada tesela una a una, use un extendedor de lechada para mantener holguras uniformes y rectas entre las filas de teselas. Donde aparezcan teselas fuera de posición, presione la hoja del extendedor en las holguras existentes, para colocar recto cualquier borde de baldosín que no esté alineado.

7 Una vez completada la zona central del suelo, coloque las teselas de gresite alrededor del perímetro de la habitación. Deje secar durante la noche las hojas enteras de gresite antes de proceder a colocar las de los bordes, por si desaloja alguna de las teselas colocadas. Retire los listones, corte entonces las hojas de gresite al tamaño deseado para que ajusten en los huecos existentes entre las hojas enteras de gresite y el borde del rodapié.

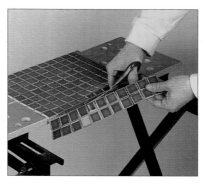

8 Aplique adhesivo en el hueco en la forma habitual y coloque cuidadosamente las tiras de hoja de gresite. De nuevo, utilice un rodillo pequeño para comprobar que asientan suficientemente y quedan niveladas con los baldosines de gresite adyacentes. Verifique que quedan bien alineadas con las teselas ya colocadas.

9 Puede tener que utilizar teselas individuales cortadas al tamaño apropiado para seguir el perfil redondeado de los obstáculos, tales como el pedestal del lavabo o la base de la taza del inodoro. Las teselas son demasiado pequeñas para cortarlas con una cortadora de azulejos, por lo que deben usarse tenacillas de cortar azulejos para recortar las partes no deseadas, antes de la colocación del baldosín.

10 Eche lechada con un extendedor, empujándola firmemente hacia dentro en todas las juntas, asegurándose de que quedan rellenadas de forma similar. Trate de que el nivel de lechada quede a ras con la superficie de gresite, más que sobresaliendo de ella. Esto dará lugar a un piso más liso. Limpie el exceso de lechada de las superficies alicatadas, usando una esponja empapada. A continuación deje que seque durante una noche.

LECHADA DE COLOR

Intente terminar el suelo de gresite con una lechada coloreada para un acabado diferente. El colorante suele suministrarse normalmente en forma de polvo y se mezcla con lechada blanca hasta obtener la intensidad deseada. El hacer que case con el color de la pared puede causar un buen efecto.

MOSAICO EN TODO

Para un efecto total, coloque el mismo gresite en suelo y paredes.

MOSAICO EN EL BORDE

El gresite puede usarse selectivamente en los suelos, en lugar de utilizarlo como diseño general. Por ejemplo, una solución muy efectiva puede ser la de colocar baldosas grandes en el centro de la habitación, con gresite alrededor del borde.

CAMBIO DE DIBUJO

Aunque el gresite se suministra en hojas, se puede lograr un dibujo seleccionando hojas de diferentes colores, o cortando teselas de una de las hojas y sustituyéndolas por otras de otros colores.

los últimos detalles

El aspecto final de un cuarto de baño puede mejorar poniendo una atención especial sobre los detalles decorativos y sobre esos últimos toques que marcan la diferencia entre un acabado simplemente adecuado y otro de extraordinario impacto. La pintura, el empapelado y el alicatado tienen gran importancia a la hora de conseguir ese acabado final. Del mismo modo, los pequeños accesorios no sólo dotan de funcionalidad al cuarto de baño, sino que también contribuyen a darle una apariencia atractiva. Una vez realizadas las tareas más laboriosas en la instalación de un cuarto de baño nuevo, usted debería tomarse tiempo para finalizar su trabajo de la mejor manera, sin pasar por alto el acabado y los pequeños detalles. Este capítulo nos enseña cómo adquirir unos excelentes criterios de decoración, sin olvidar la ornamentación de ventanas y la instalación de pequeños accesorios.

Pequeños detalles, como poner la jabonera y los utensilios de afeitado sobre una repisa en un pie móvil, convierten funcionalidad en estilo.

opciones para el acabado

Los elementos decorativos del cuarto de baño deben ser capaces de soportar los rigores de una atmósfera húmeda. Los azulejos gozan de gran popularidad debido a que proporcionan un acabado muy duradero, y a la extensa gama de modelos, colores y diseños disponibles. En la actualidad, se han desarrollado nuevas posibilidades para los acabados, capaces de cubrir todas las necesidades de un cuarto de baño, y así, se pueden encontrar papeles, pinturas y decoraciones para ventanas fabricados con materiales muy resistentes contra la humedad.

Alicatado total

El alicatado total –cubrir paredes desde el suelo hasta el techo– es seguramente la propuesta que ofrece mayor duración a la hora de elegir un cuarto de baño. El agua y el vaho no pueden penetrar en las superficies de los azulejos; las únicas zonas que pueden estropearse son los bordes, donde se aplica el sellado y la lechada. Aquí, el grado de resistencia va a depender de lo bien ventilado que esté el baño, y de la frecuencia con que se limpie la superficie. No conviene olvidar que alicatar totalmente un baño requiere una gran cantidad de tiempo y un buen número de azulejos. Por eso, tal vez sea más recomendable que este tipo de acabado lo realice un experto en lugar de un principiante. Hay que poner especial atención en planificar muy bien el trabajo, porque una vez comenzado el alicatado, va a ser muy difícil rectificar los errores con posterioridad.

DERECHA: *El aspecto limpio, brillante y pulido de los azulejos proporciona siempre un buen acabado a cualquier diseño de baño. Se pueden utilizar las diferentes medidas y dibujos para dividir áreas de color y añadir mayor contraste al diseño.*

Alicatado parcial

Otro acabado muy popular consiste en alicatar todo el baño sólo hasta la mitad de la pared. Al fin y al cabo, es la zona inferior de la pared la que está más próxima a los sanitarios, y por tanto la que corre mayor peligro de mojarse. En un baño parcialmente alicatado, los azulejos deben cubrir todo el área por encima del lavabo y la zona alrededor de la bañera, de modo que no queden zonas separadas para cubrir las áreas de salpicadura. Este tipo de alicatado no resulta un trabajo tan desalentador para principiantes como el alicatado total. Cuando planifique su distribución será una buena idea que pruebe modelos y diseños diferentes para que el resultado sea atractivo y los azulejos queden colocados de un modo discreto.

IZQUIERDA: *Las cuidadas líneas en un acabado con alicatado parcial confieren un aspecto elegante y ordenado. Se pueden emplear cenefas decorativas de azulejo para definir los bordes de un diseño, como en este caso, que se ha aplicado un ribete estarcido para realzar el cambio entre superficies.*

Pintura

La mejor elección de pintura para el cuarto de baño suele ser la que contiene vinilo. Es fácil de limpiar y no se estropea tan rápidamente como las demás. Es muy importante elegir un color adecuado porque las superficies pintadas en un baño sirven de marco al mobiliario.

Papel pintado

El papel pintado no es una elección decorativa muy frecuente en el acabado de un baño, ya que puede ocasionar problemas como despegarse o levantarse por las juntas. Sin embargo, puede proporcionar un acabado muy duradero, siempre y cuando se elija un papel diseñado especialmente para baños y se coloque con sumo cuidado. El papel pintado añade textura a las paredes, y además confiere mayor profundidad a la sala haciendo que las paredes no queden tan bidimensionales.

ARRIBA DERECHA: *El color amarillo del papel en las paredes de este cuarto de baño potencia la luz natural y se combina con otros elementos para crear una sala alegre y luminosa, atractiva para los niños.*

ABAJO DERECHA: *Esta tradicional distribución en un cuarto de baño mejora gracias a la elección de un rojo intenso para el papel pintado que proporciona a la sala una atmósfera suntuosa y confortable.*

ABAJO: *Las persianas laminadas o los estores de listones se pueden regular para dejar pasar la intensidad de luz deseada, manteniendo a su vez un cierto grado de intimidad.*

Decoración de ventanas

Elegir la decoración de las ventanas en un cuarto de baño puede ser difícil. En general, es preferible evitar cualquier cosa demasiado voluminosa para no ocupar mucho espacio. Por otro lado, los largos pliegues de tela pueden retener humedad y ensuciarse fácilmente, dando un aspecto sin lustre. Así que, lo más frecuente para un cuarto de baño son unas simples persianas, que además de ocupar menos espacio que unas cortinas, proporcionan flexibilidad a la hora de conseguir un cierto grado de intimidad, dependiendo de lo mucho o poco que estén recogidas.

alicatado de paredes – 1 〃

El éxito de un cuarto de baño alicatado radica en un conocimiento sólido de la técnica del alicatado básico. Usted debe imponerse una rutina metódica, y tener la precaución de tomar todas las medidas con máxima precisión, además de procurar la continuidad del diseño tanto en las líneas horizontales como en las verticales. Las zonas irregulares que se pueden presentar en un cuarto de baño convierten esta tarea en un objetivo difícil para principiantes, pero, siempre y cuando se hayan aprendido las reglas básicas, cualquier amante de las reparaciones caseras será capaz de alicatar un cuarto de baño.

Planificación

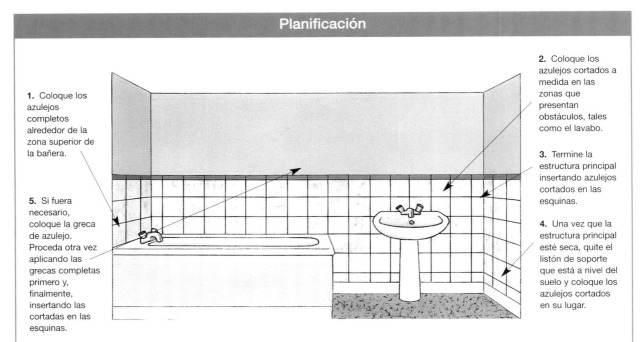

1. Coloque los azulejos completos alrededor de la zona superior de la bañera.

5. Si fuera necesario, coloque la greca de azulejo. Proceda otra vez aplicando las grecas completas primero y, finalmente, insertando las cortadas en las esquinas.

2. Coloque los azulejos cortados a medida en las zonas que presentan obstáculos, tales como el lavabo.

3. Termine la estructura principal insertando azulejos cortados en las esquinas.

4. Una vez que la estructura principal esté seca, quite el listón de soporte que está a nivel del suelo y coloque los azulejos cortados en su lugar.

Antes de iniciar un proyecto de alicatado, hay que realizar siempre una cuidadosa planificación. Conviene tener un cuidado especial a la hora de decidir el punto por el que se va a comenzar a alicatar y también para decidir el orden de trabajo, ya que todo cuarto de baño tiene inevitablemente zonas difíciles para las que habrá que cortar los azulejos y, en algunos casos, darles forma. En la figura de arriba se muestra la distribución más habitual de un cuarto de baño y se señala la mejor manera de desglosar un diseño en las diferentes áreas de la superficie de la pared. Estas etapas hay que llevarlas a cabo en el orden indicado para lograr un acabado de aspecto profesional.

Conviene comenzar por la parte de debajo de la pared y trabajar hacia arriba, de manera que una determinada hilera de azulejos se sostenga sobre la anterior. No se debe emplear un rodapié como base de partida para la primera hilera de azulejos porque puede no estar bien nivelado. Es, por tanto, mucho mejor clavar a la pared un listón correctamente nivelado, para lo que se habrá usado un nivel que garantizará que esté perfectamente horizontal. Este listón servirá de guía para la primera hilera de azulejos, y es además la herramienta ideal para planificar diseños de forma que queden centrados respecto a los sanitarios (si fuese necesario) y también sirve para elegir el punto de partida más conveniente.

Preparación de una plantilla para azulejos

Para hacer a mano una plantilla de azulejos, debe cortar un trozo de listón de unos 5 cm de ancho, y de largo lo que miden cuatro o cinco azulejos. Ponga en fila los azulejos a lo largo del borde del listón, colocando separadores entre ellos para crear las zonas de junta. Utilice un lapicero para marcar la posición de las juntas sobre el listón y

después corte la largura de listón sobrante; haga estas dos operaciones con mucha precisión, ya que esta regla de madera va a ser la que emplee como herramienta de medición. Ahora sitúe el listón vertical y horizontalmente sobre la pared y compruebe cuál es la zona donde se requieren cortes y dónde éstos se pueden evitar. Intente planificarlo de modo que no queden pequeñas zonas de corte, difíciles de rematar y muy antiestéticas.

Colocación de azulejos

Herramientas para el trabajo

Taladradora inalámbrica

Paleta de muesca

Nivel de burbuja

Rasqueta

1 Fije un listón de madera en la pared en el punto de partida, utilizando un nivel para asegurarse de que está completamente horizontal. Atornille o clave el listón en dicho punto, empleando las sujeciones adecuadas. Si lo desea, coloque un listón vertical en ángulo recto con el primero.

2 Utilice una espátula dentada para aplicar el adhesivo empezando por la zona inferior de la superficie a alicatar. Repase esta zona dos o tres veces con la espátula para asegurarse de que está bien cubierta de adhesivo.

3 Coloque el primer azulejo en el ángulo formado por los dos listones de soporte y presione fuerte.

4 Coloque el siguiente azulejo añadiendo separadores en la parte superior e inferior de la junta. El espaciador superior permanecerá así hasta que se aplique la lechada, y el espaciador inferior deberá quedar dentro de la junta formando un ángulo recto con el listón de soporte, y usted deberá retirarlo una vez que el adhesivo se haya secado.

5 Continúe con el resto de azulejos formando hileras horizontales. De vez en cuando compruebe que no van torcidos colocando el nivel en la parte superior de los azulejos. Cuando haya finalizado, saque los listones y, si fuese necesario, coloque en su lugar los azulejos cortados a medida.

6 Si las paredes son irregulares, puede ocurrir que los azulejos se hundan por debajo del nivel o que sobresalgan un poco. En ese caso, quite el azulejo con la rasqueta antes de que se seque el adhesivo.

7 Ajuste el grosor de la capa de adhesivo según sea necesario antes de volver a colocar el azulejo. En este caso, el azulejo necesita una capa extra de adhesivo para alcanzar un nivel óptimo.

consejos profesionales

• **Comprobación del diseño:** Cuando emplee azulejos monocromáticos para toda o la mayor parte del trabajo, antes de empezar abra todas las cajas y asegúrese de que no haya ligeras diferencias de color entre los diferentes lotes.

• **Limpieza de los azulejos:** Utilice una esponja húmeda para quitar el exceso de adhesivo según vaya avanzando. Aunque el adhesivo se puede quitar cuando ya esté seco, es mucho más fácil limpiarlo antes de que endurezca.

alicatado de paredes – 2 ⫻

La mayor parte de la estructura se compone de azulejos completos, pero es inevitable tener que hacer algunos cortes y secciones para rematar los bordes o rodear algunos obstáculos. Una buena cortadora de azulejos será primordial para realizar estas tareas de una manera eficaz, y marcará la diferencia entre unos cortes finos y precisos y aquellos que o bien salen torcidos o bien producen esquirlas en vez de partir con precisión sobre la línea marcada.

Herramientas para el trabajo

| Cinta métrica |
| Lapicero o rotulador |
| Cortadora de azulejos manual o eléctrica |
| Guantes protectores |
| Sierra para azulejos |
| Tenaza de cortar azulejos |
| Paleta extendedora para lechada |
| Esponja |
| Pistola de sellador |

Corte de azulejos a mano

Para realizar el corte, o bien se sujeta el azulejo sobre la posición que requiere dicho corte y se marca con un lapicero o rotulador, o bien se mide el espacio que hay que rellenar y se marca esta medida sobre la superficie del azulejo.

1 Coloque el azulejo en la cortadora con la marca situada en la rueda de corte. Presione la rueda sobre la superficie del azulejo, empujando ligeramente hacia abajo para trazar una línea sobre la superficie vitrificada.

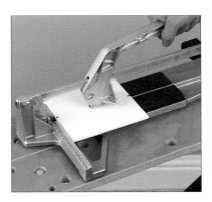

2 Después se realiza el segundo corte de la máquina. Permita que la rueda llegue hasta el final del azulejo antes de aplicar presión una segunda vez. En este momento las extensiones de metal del mango de la máquina ejercen presión en ambos lados de la línea marcada, dando lugar a que se parta con precisión en ese punto.

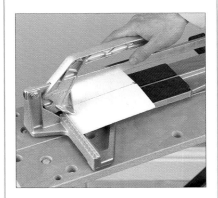

Cortes curvos

Los cortes curvos no se pueden realizar con una máquina cortadora. Usted necesitará para este propósito una sierra para azulejos. Marque una línea sobre el azulejo y pase la sierra sobre ella. Éste es un proceso lento para el que habrá que prever más tiempo.

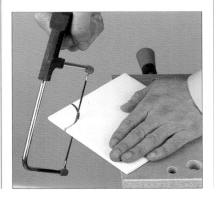

Cortes de secciones

Puede emplear tanto la sierra como la tenaza de cortar azulejos para hacer secciones en el borde de éstos. Utilice la sierra para hacer los cortes necesarios sobre el cuerpo principal del azulejo, y las tenazas de cortar azulejos para partir el trozo sobrante.

Cortadoras de azulejos eléctricas

Estas máquinas realizan más funciones que una simple cortadora manual. Se suelen utilizar para solado de suelos, ya que, debido a su compacta estructura, pueden operar con baldosas grandes y gruesas. Pero el precio de este tipo de máquinas ha descendido tanto en los últimos años, y la rapidez que ofrecen en el trabajo es tanta, que mucha gente las está comprando para emplearlas en cualquier otro tipo de alicatado. Los mecanismos de funcionamiento varían de una máquina a otra, de modo que siempre es aconsejable leer atentamente las instrucciones de uso que presenta el fabricante. Se requieren algunos elementos de protección, tales como gafas protectoras.

Cortes rectos

La mayoría de máquinas llevan un depósito para agua. Sirve para enfriar la rueda cortadora, que genera bastante calor durante la fricción. Marque la línea de corte sobre el azulejo como es habitual, y a continuación posicione el azulejo sobre la rueda de corte.

Cortes en ángulo

Los recortes en los bordes del azulejo o los cortes oblicuos para cubrir esquinas no se pueden realizar con una cortadora manual. Sin embargo, algunas cortadoras tienen una posición que permite hacer cortes oblicuos para cubrir los ángulos internos.

Aplicación de la lechada

Una vez fijados los azulejos en la pared, tendrá que rellenar las juntas con la lechada para que la superficie quede impermeabilizada. El adhesivo deberá estar seco antes de aplicar la lechada (normalmente es suficiente con dejarlo una noche entera).

1 Mezcle suficiente lechada para la zona a cubrir, pero tenga en cuenta que una pequeña cantidad le servirá para tapar una zona bastante extensa. Utilice la espátula de lechada para presionar fuertemente sobre las juntas de los azulejos, de modo que la mezcla penetre bien entre ellas; pase la hoja de la espátula en todas las direcciones.

2 Quite el exceso de lechada de la superficie cubierta con una esponja humedecida. Enjuague la esponja a menudo para evitar la acumulación. Después pase un palito de punta redonda por las juntas para presionar la lechada sobre ellas, y así conseguir un buen acabado.

Sellado

Una vez que se ha completado el proceso de alicatado, hay que sellar las juntas de los azulejos, sanitarios o cualquier otra superficie para dejarlos impermeabilizados. El material más adecuado para esto es el sellador de silicona. Se presenta en tubos que hay que cargar dentro de una pistola selladora o dispensador.

1 Cubra con la cinta protectora cada lado de la junta, manteniendo una distancia suficiente entre los bordes de la cinta.

2 Aplique el sellador a lo largo de la junta de modo que el borde del sellador cubra ligeramente la cinta protectora. Alíselo con el dedo mojado.

3 Quite la cinta protectora mientras el sellador esté todavía húmedo. Si los bordes del sellador se levantan ligeramente al retirar la cinta, pase de nuevo, suavemente, un dedo húmedo. Deje actuar el sellador hasta que esté completamente seco (normalmente veinticuatro horas).

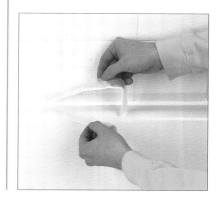

alicatado de una zona de salpicadura ⫝⫝⫝

En la mayoría de los baños la zona de salpicadura que hay detrás de un lavabo forma parte de un conjunto de azulejos de la pared. Sin embargo, si éste no es el caso, usted deberá establecer un área independiente para alicatar dicha zona de salpicado. El secreto para obtener un buen resultado consiste en asegurarse de cuál es la posición central de esta zona con respecto al lavabo. Entonces ya podrá colocar el primer azulejo sobre este punto central y seguir hacia ambos lados, o utilizar el punto central como junta entre los dos primeros azulejos y seguir trabajando hacia los laterales.

los últimos detalles

Herramientas para el trabajo

Cinta métrica y lapicero
Mininivel
Paleta dentada
Cortadora de azulejos eléctrica
Paleta extendedora de lechada (opcional)
Guantes protectores
Esponja
Pistola de sellador o dispensador de silicona

1 Mida el borde trasero del lavabo y marque el centro.

2 Dibuje con un lapicero una línea desde este punto hacia arriba. Utilice el mininivel para asegurarse de que la línea es totalmente vertical.

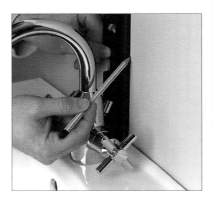

3 Divida por la mitad con una marca el canto superior del primer azulejo. Esta marca sólo sirve para un posicionamiento correcto, luego se borrará. Aplique el adhesivo sobre el reverso del azulejo con una espátula dentada pequeña.

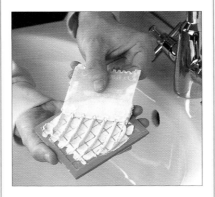

4 Coloque el azulejo asegurándose de que la marca de lapicero coincide exactamente con la línea vertical trazada sobre la pared.

5 Continúe colocando azulejos sobre la pared, utilizando un separador en las juntas para mantener el espacio correcto entre los azulejos. El borde posterior de algunos lavabos es curvo. Esto le

complicará el trabajo porque tendrá que poner un poco de cartón bajo el borde de la primera hilera de azulejos para mantener así la posición correcta. Del mismo modo, cuando se añadan grecas de azulejo, también habrá que poner cartón bajo las piezas, a ambos lados del dibujo, para mantener la altura correcta.

6 Normalmente hay que cortar las grecas para cubrir las esquinas en la zona de salpicadura. Se puede conseguir un buen efecto haciendo cortes en inglete. Para ello, utilice una cortadora de azulejos eléctrica. No se olvide de las gafas protectoras y siga las instrucciones del fabricante.

7 Una vez que ha sido colocado el primer azulejo con el corte en ángulo, mida el siguiente sujetándolo sobre el lugar donde debe ir colocado y marque sobre él el trozo que se debe cortar.

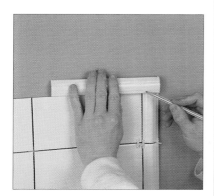

8 Coloque el azulejo considerando que la anchura de la junta en el ángulo debe ser igual a la de los azulejos situados en la parte principal.

9 Una vez que se ha completado el diseño, déjelo secar y después aplique la lechada. Puede resultarle más fácil usar sus dedos en lugar de la espátula para prensar la lechada que sobresale, pero no olvide ponerse guantes protectores.

10 Cuando haya acabado con la lechada, aplique una franja de sellador de silicona sobre el borde trasero del lavabo. Siga la técnica descrita en la pagina 103.

Consejos profesionales

- **Azulejos enteros:** La situación ideal sería que sólo tuviera que emplear azulejos enteros para rellenar una zona de salpicadura, puesto que no hay modo de esconder los cortes que pueden estropear el aspecto global del lavabo. Por lo general, no importa que los azulejos sobrepasen ligeramente el borde del lavabo; incluso, muchas veces, una greca de azulejos puede proporcionar un marco muy atractivo.
- **Separadores:** En las juntas de las grecas de azulejo no se pueden introducir los separadores de forma plana respecto a la pared. En lugar de ello, se insertan en ángulo recto sobre la superficie de la pared y se quitan una vez que el adhesivo se ha secado.

Una zona de salpicadura añadida es un factor práctico y decorativo adicional que complementa y hace que destaque el diseño del lavabo.

acabados decorativos ⚒

Aparte del alicatado, existen dos opciones más para los acabados de las paredes de un cuarto de baño: la pintura y el papel pintado. En ocasiones se combinan ambos, consiguiendo un buen efecto. Se ha insistido mucho en que se deben escoger cuidadosamente los materiales que mejor se adapten a las características de un cuarto de baño; a continuación se exponen algunas ideas y consejos respecto a este problema.

Pintura

Lo más importante a la hora de elegir una pintura para el cuarto de baño es asegurarse de que sea lavable. Por eso, si usted quiere utilizar pintura al agua, es mejor escoger una que contenga vinilo. La pintura semimate es una buena opción para los cuartos de baño, porque es mucho más resistente que la pintura al agua y muy efectiva tanto en paredes como en carpintería. Mucha gente prefiere la pintura con un acabado brillante para la carpintería porque es más duradera. Si éste es su caso, debe tener en cuenta que las pinturas al agua o acrílicas son mucho menos perjudiciales para la salud que las pinturas al aceite. Secan muy rápidamente, así que se pueden dar varias capas en un día. Es aconsejable dar más de una capa en todas las superficies para hacerlas más resistentes. Esto es especialmente importante en el caso de los suelos pintados o barnizados.

👍

Consejos profesionales

• **Equipo para pintar:** Las técnicas y el equipo de pintura no cambian por tratarse de un cuarto de baño: siempre hay que elegir buenas herramientas que nos faciliten el trabajo. Es recomendable emplear instrumentos como rodillos y almohadillas, que permiten cubrir grandes superficies rápida y fácilmente. Asegúrese de que dispone de brochas de diferentes medidas, porque conviene que estén a mano cuando hay que pintar alrededor de los accesorios.

Protección

1 Cuando se pinte un cuarto de baño, hay que emplear un poco más de tiempo y esfuerzo para hacer los preparativos del comienzo, y esto supondrá un gran ahorro más adelante. Hay proteger el suelo contra el polvo, asimismo los accesorios y el mobiliario. Hay en el mercado un tipo de plástico en lámina que es ideal para tapar los sanitarios. La cinta adhesiva protectora le puede ayudar a sujetar bien el plástico.

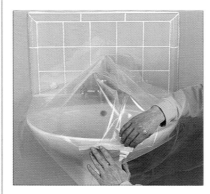

2 Coloque una tira de cinta adhesiva de carrocero sobre los bordes de los azulejos: ayuda a establecer una clara división entre la pared y la superficie alicatada. Requiere un poco de tiempo, pero el esfuerzo merece la pena.

Mejoras en la pintura

1 Se puede mejorar el acabado de un cuarto de baño en todo su conjunto poniendo atención sobre los pequeños detalles y haciendo un uso correcto de las técnicas empleadas. Aquí se muestran dos ejemplos de cómo usted puede mejorar el aspecto de su cuarto de baño. Primero, pinte todas las tuberías que no estén empotradas para que queden integradas en el color de la pared y no se noten a simple vista.

2 Puede pintar los paneles de revestimiento. Es más sencillo desmontarlos y hacerlo en posición horizontal para que la pintura no gotee.

Papel pintado

Hay dos propuestas diferentes sobre el tipo de papel pintado que mejor conviene para los cuartos de baño. Hay quien considera que el papel de vinilo es ideal, y por su fácil limpieza se convierte en una opción atractiva; sin embargo, su superficie brillante retiene el agua y el problema de la condensación se agrava.

Otras personas prefieren los papeles estándar, que también se pueden limpiar y no tienen tantos problemas por la condensación. Su desventaja es que son menos resistentes que los papeles de vinilo. Cada uno tiene sus ventajas y sus inconvenientes, pero en ambos casos los problemas pueden aminorarse si el baño cuenta con un sistema de ventilación adecuado.

Eliminación del papel viejo

En caso de que las paredes estén previamente empapeladas, habrá que quitar el papel anterior. Se podría empapelar o pintar encima de un papel ya existente, pero el resultado no será óptimo, y aún menos en el caso de un cuarto de baño, donde la condensación puede estropear el efecto final. De modo que siempre será mejor quitar el papel viejo antes de empezar a decorar un baño.

Consejos profesionales

Si se hace una renovación completa del cuarto de baño es mejor quitar el papel pintado de las paredes después de retirar los sanitarios viejos y antes de instalar los nuevos. De esta manera, se llevan a cabo los trabajos más sucios antes de instalar ningún elemento, con lo que los sanitarios nuevos no se ensuciarán.

1 Quite todo el papel que pueda con la superficie en seco. Esto es fácil si levanta las juntas y tira de ellas. La capa superior del papel suele salir fácilmente, quedando parte del reverso pegado en la pared.

2 Moje la pared con agua caliente y deje que se empape durante unos minutos antes de empezar a rascar el papel.

UTILIZACIÓN DE UNA MÁQUINA DE DESEMPAPELAR

Usted puede utilizar una máquina de desempapelar en el caso de que las paredes presenten varias capas de papel o haya mucha superficie que desempapelar. Con ella podrá economizar mucho tiempo. Estas máquinas se pueden alquilar por un precio al día relativamente bajo, pero, desde que en los últimos años los precios se han hecho más competitivos, incluso le podría resultar más rentable comprarse una. No olvide leer detenidamente los consejos del fabricante.

Protección del papel pintado

1 Se pueden tomar varias medidas para proteger el papel pintado, como aplicar una capa de barniz mate o de emulsión para papeles. Siempre debe hacer una prueba sobre un recorte antes de aplicarlo, porque no todos los productos son adecuados para todas las clases de papel.

2 Deje que la hilera de azulejos se superponga ligeramente sobre el borde del papel. Éstos impedirán que el papel se levante en un futuro.

3 Aplique sellador de silicona en la unión entre el papel y el zócalo para hacer que quede más sujeto.

instalación de estores y persianas ⤢

Aunque se pueden usar cortinas en el cuarto de baño, las persianas y estores resultan mucho más apropiados, porque ocupan menos espacio y permiten regular la intensidad de la luz, y esto permite mantener un cierto grado de intimidad. Hay que escoger el material con mucho cuidado porque no todos pueden soportar la atmósfera húmeda de un cuarto de baño, y también es importante que el material sea de fácil limpieza y larga duración.

Tipos de persiana

Los mecanismos para subir y bajar una persiana son muy variados, aunque la mayoría se controlan con una cinta. Algunos modelos llevan más de una, lo que permite controlar el grado de intensidad de luz que entra, además de la longitud. Pero no todas las persianas funcionan de esta manera, y de hecho los fabricantes están diseñando continuamente nuevos mecanismos para mejorarlas y facilitar su manejo. Los cuatro diseños más comunes se muestran a continuación.

Estores

Los estores funcionan por un sistema de enrollado: cuando se levanta el material del estor se enrolla alrededor de un eje situado en la parte superior. Para bajarlo, se utiliza una cuerda que al tirar de ella hace que la persiana se desenrolle. En una ventana remetida respecto al plano de la pared, el estor se puede instalar dentro o fuera del hueco en el que va la ventana. La primera opción ocupa menos espacio y ofrece mejor aspecto, aunque en este

caso las medidas se deben tomar con mucha precisión para que la persiana no roce los laterales del hueco cuando se suba o baje. Los diseños varían según el fabricante, pero la mayoría se instalan fijando el mecanismo de enrollado en unos soportes que van sujetos al marco de la ventana.

Persianas de pliegues

Este tipo de persianas tiene un diseño un poco más complicado que los estores enrollables, porque tienen un sistema de varillas horizontales incrustadas en el material de pantalla que hacen que, al subir la persiana tirando de una cuerda, el material de la persiana se va doblando sobre sí mismo y forma pliegues.

Persianas venecianas

Las persianas venecianas, o persianas de lamas, se componen de una serie de láminas de madera, aluminio o plástico que se unen a través de cuerdas que las mantienen en una cierta posición. Su diseño permite que la persiana se pueda subir o bajar completamente, pero además tiene otra

función, que consiste en inclinar las láminas, ajustando de ese modo el nivel de intensidad de luz que entra. Por eso, son ideales para crear una atmósfera de intimidad en el baño sin perder por ello gran cantidad de luz natural.

Cortinas de lamas verticales

Las cortinas de lamas verticales se parecen mucho a las persianas venecianas. Sin embargo, en este caso las láminas están suspendidas verticalmente de un carril que permite correrlas hacia un lado como si fuesen cortinas. También tienen en común con las cortinas que, cuando están cerradas o totalmente abiertas, su diseño vertical implica que las láminas se desplazan a lo largo de la anchura de la ventana.

Instalación de una persiana veneciana

En una ventana remetida respecto al plano de la pared, se puede instalar una persiana veneciana dentro o fuera del hueco en el que va la ventana. Si se hace dentro, hay que tomar las medidas con mucha precisión para que la persiana no roce las paredes laterales del hueco.

Herramientas para el trabajo

Destornillador

Punzón

Taladradora sin cable

1 Los soportes de sujeción del riel de las persianas venecianas están normalmente diseñados con unas piezas laterales deslizantes que hay que abrir antes de fijar los soportes en el marco de la ventana. Normalmente, se pueden abrir estas secciones laterales con la mano, pero, si fuera necesario, haga palanca con un destornillador.

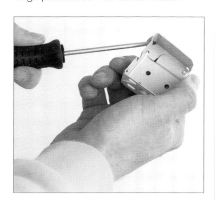

👍

Consejos profesionales

Cuando se instala cualquier tipo de persiana en un hueco remetido respecto al plano de la pared, se deben tomar las medidas con mucha precisión. Si la ventana resulta demasiado ancha, no habrá holgura suficiente para que funcione bien el sistema de enrollado. Hay que tomar medidas varias veces, teniendo en cuenta que la anchura del hueco en la parte superior, en la del medio y en la inferior puede variar ligeramente. Así que hay que calcular la medida más estrecha a la hora de comprar una persiana o estor.

2 Sujete el soporte en la esquina superior del marco de la ventana. Con un punzón marque el lugar donde van a ir los agujeros de los tornillos. Retire el soporte de esta posición y utilice la taladradora para hacer los agujeros en los puntos marcados.

3 Vuelva a colocar el soporte y atorníllelo para que quede firme. Repita los pasos 1-3 con el soporte del otro lado.

4 Inserte la persiana veneciana en los soportes, cuidando de que cada extremo del riel encaje en su sitio.

5 Una vez colocado, dé un golpecito para cerrar las partes laterales deslizantes de los soportes, y de este modo el riel queda bloqueado en su sitio.

6 La mayoría de los modelos de persianas venecianas vienen con carcasa exterior para cubrir el riel que se sujeta a éste con unas tiras de velcro adhesivo. Ponga una de las tiras del velcro a lo largo de la parte interior de la carcasa y la otra, a lo largo del riel, teniendo cuidado de hacerlas casar.

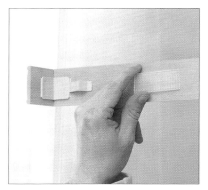

7 Ponga en línea las dos tiras de velcro y presione el bastidor fuertemente contra el riel.

instalación de accesorios ⚒

Todos los pequeños accesorios de un cuarto de baño, como son las jaboneras, el vaso para los cepillos de dientes, los toalleros, proporcionan un lugar adicional para guardar cosas que implica un mejor uso del espacio. También añaden un toque decorativo y dan calidez al cuarto de baño. La mayoría de los accesorios se venden conjuntados para que usted consiga un efecto más coordinado.

✋ Consejo de seguridad

Compruebe siempre la localización de las tuberías y de los cables con un detector de cables y tuberías, antes de comenzar a taladrar las paredes.

El mecanismo de fijación de los accesorios puede variar, pero el más frecuente consiste en sujetar en la pared unas fijaciones de diseño especial y después ajustar los accesorios a estas fijaciones con unos tornillos prisioneros colocados en una posición disimulada. El proceso puede resultar dificultoso porque tendrá que alinear correctamente las fijaciones con los accesorios.

Otra alternativa son las fijaciones integradas en los accesorios: una vez que se han colocado, se tapan con una capucha o cubierta, ofreciendo de esta manera un mejor acabado.

La instalación de accesorios en una superficie alicatada precisa de una técnica específica para hacer los agujeros que harán falta para los tacos y tornillos.

Instalación sobre alicatado

Fijar accesorios en las paredes enlucidas, tanto sólidas como huecas, puede realizarse siempre que se utilicen los tornillos y los tacos adecuados, y esto es igual para las superficies alicatadas. Sin embargo, usted necesitará una broca suficientemente dura para taladrar un azulejo con precisión. Y ésta es la clave aquí, porque si se hace una perforación en un lugar equivocado no se podrá restaurar rellenándolo o simplemente repintándolo, como ocurre en una pared enlucida. Además, aunque los azulejos tienen una

superficie muy dura, pueden resquebrajarse o romperse si no se emplea la técnica adecuada.

Una broca estándar de albañilería le puede venir bien para algunos azulejos, pero ocurre a menudo que, al taladrar el azulejo, la aspereza de la broca puede hacer saltar el esmalte del azulejo alrededor del agujero.

Herramientas para el trabajo

Rotulador

Cinta métrica

Taladradora sin cable

Destornillador

1 Tómese el tiempo necesario para localizar el punto preciso donde va a instalar el accesorio –un toallero en este caso–, porque los errores que se cometan en una superficie alicatada son muy difíciles de solucionar. La fijación para el accesorio deberá posicionarse lo más centrada que se pueda dentro del azulejo. Cuanto más cerca de la orilla del azulejo se ponga, más posibilidades habrá de que éste se quiebre por las vibraciones de la taladradora. Sujete el accesorio con una mano en el lugar donde vaya a instalarse y marque con el rotulador la posición donde se va a hacer el agujero.

2 Quite el accesorio y cubra los puntos marcados con cinta protectora. Las marcas se deberían ver a través de la cinta, pero, si no están nítidas, vuelva a marcarlas sobre la cinta. La razón por la que se pone la cinta protectora se debe a que la superficie resbaladiza del azulejo puede dar lugar a que resbale la broca y el azulejo pueda resultar arañado o roto. La cinta protectora sirve de agarre y ayuda a mantener la posición de la broca.

3 Inserte la broca en la taladradora, asegurándola bien. Una broca para azulejos es como una jabalina o un arpón en miniatura.

4 Ponga la broca sobre el punto marcado en el azulejo y arranque la taladradora en una velocidad baja. Esto hará una pequeña incisión sobre el azulejo, que servirá para que la broca pueda agarrar antes de aumentar la velocidad. Una vez que se haya abierto este punto inicial, utilice la taladradora como es habitual para traspasar el azulejo y la pared. Sujete la boquilla del aspirador debajo del agujero mientras esté taladrando para evitar que el polvo se pegue en las juntas de los azulejos o en la tira sellada de la base de la pared. De esta manera no habrá que limpiar el polvo más tarde y la lechada y el sellador no se mancharán.

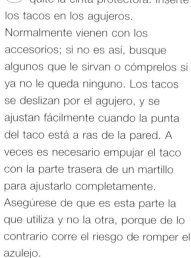

5 Una vez hechos los agujeros, quite la cinta protectora. Inserte los tacos en los agujeros. Normalmente vienen con los accesorios; si no es así, busque algunos que le sirvan o cómprelos si ya no le queda ninguno. Los tacos se deslizan por el agujero, y se ajustan fácilmente cuando la punta del taco está a ras de la pared. A veces es necesario empujar el taco con la parte trasera de un martillo para ajustarlo completamente. Asegúrese de que es esta parte la que utiliza y no la otra, porque de lo contrario corre el riesgo de romper el azulejo.

6 Vuelva a colocar el accesorio y atorníllelo. Siempre es mejor hacerlo con el destornillador de mano, porque ofrece mayor control de la presión que se ejerce. Con un destornillador eléctrico se corre el peligro de apretar demasiado, y se puede llegar a romper un azulejo, teniendo que reponerlo.

7 Por último, atornille el embellecedor que tapa las fijaciones. Esto podrá hacerlo con un tornillo prisionero o simplemente con un perno de rosca, que se puede colocar a mano.

Consejos profesionales

• **Nivelado:** Algunas veces, una vez instalado el accesorio, puede quedar ligeramente desnivelado. La mayoría de los fabricantes tienen esto en cuenta y diseñan sus accesorios con unos pequeños ajustes que van a permitir mejorar la instalación una vez finalizada. Cuando se utilizan dos tornillos para montar la sujeción, uno de los agujeros se alarga ligeramente en su forma, de modo que el tornillo pueda deslizarse sobre él buscando la posición más adecuada. Normalmente esto es suficiente para corregir el problema.

• **Impermeabilización:** Cuando se hace un taladro en una superficie alicatada, en realidad se perfora la barrera hermética creada entre los azulejos y la lechada. Por eso, es interesante aplicar un poco de sellador de silicona en la punta de los tornillos antes de ponerlos; de ese modo se mantendrá la capa impermeable.

INSTALACIÓN DE DOS O MÁS FIJACIONES EN LOS AZULEJOS

En el ejemplo mostrado arriba sólo se requería una fijación para colgar el accesorio en su lugar. Sin embargo, para accesorios más largos, como son los toalleros horizontales, se necesitan dos fijaciones. Cuando esto ocurre, es fundamental que las dos fijaciones estén exactamente al mismo nivel para conseguir un aspecto inmejorable. Para lograrlo, hay que utilizar un nivel de burbuja, trazando primero con el lapicero una línea horizontal sobre los azulejos, y marcando la medida sobre esta línea para señalar la posición exacta de los agujeros para las fijaciones. Entonces, usted puede aplicar la técnica de taladrar mostrada en los pasos 3 y 4. Una vez que ha perforado los agujeros, borre la línea de lapicero con un borrador y coloque las fijaciones. La manera de enganchar los accesorios a las fijaciones varía según los fabricantes, por eso es muy importante leer atentamente las instrucciones específicas que asegurarán una instalación correcta.

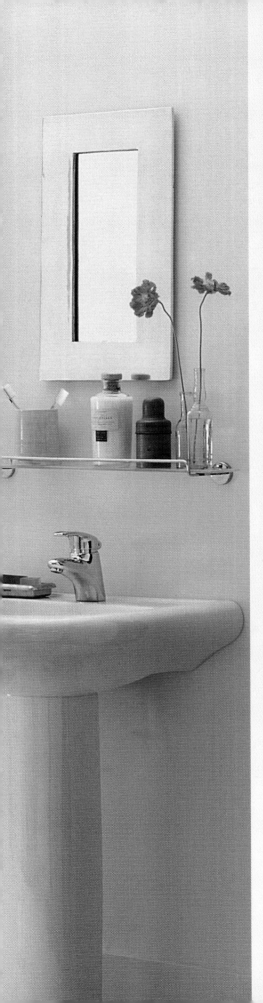

reparación de un cuarto de baño

Las reparaciones en un cuarto de baño pueden ser de dos tipos: las que tienen que ver con el funcionamiento de los accesorios y las relacionadas con los aspectos decorativos. Incluso los acabados y accesorios de mejor calidad van a necesitar mantenimiento y reparación en un momento dado, de modo que es interesante estar preparado para tales ocasiones, aprendiendo por adelantado cómo enfrentarse a los problemas que puedan surgir. Este capítulo tiene en cuenta la mayoría de las tareas de reparación asociadas a un cuarto de baño y describe las mejores técnicas para encarar los problemas que usted pueda encontrar.

La reposición de zapatas y las reparaciones del esmaltado son tareas muy simples que ayudan a mantener un cuarto de baño en un perfecto estado.

reparación de grifos que gotean ⁊⁊⁊

Un problema muy común, pero muy fácil de solucionar, es el goteo de los grifos. Dejar que un grifo esté goteando no sólo supone gasto de agua, sino que hace que los accesorios se manchen, así que lo mejor es atajar el problema cuanto antes. Aunque los fabricantes actualizan los diseños de los grifos frecuentemente, el modo en que se reparan los goteos y las fugas de agua prácticamente no ha cambiado. El tipo de precinto más utilizado en un grifo son las zapatas de goma: la alternativa más moderna son las cápsulas de cerámica.

Las zapatas de goma están situadas en la base de la cabeza en la parte interior del grifo. Para extraerla es necesario desmontarlo, y su procedimiento dependerá del modelo y de si la cabeza está sujeta por un tornillo incorporado o simplemente encajada. Puede ocurrir que los tornillos estén cubiertos con tapones y que no se vean a simple vista. El ejemplo siguiente muestra un diseño de grifo muy común y enseña los pasos a seguir para acceder a las zapatas de goma y cambiarlas. Antes de empezar a trabajar, usted debe cortar el suministro de agua, bien cerrando el paso general o bien cerrando la llave de paso del grifo en cuestión. Asegúrese de que no queda nada de agua en las tuberías antes de desmontar el grifo. Si olvida esto, se saldrá el agua cuando saque la cabeza del cuerpo del grifo.

Cambio de las zapatas y arandelas de goma

Herramientas para el trabajo

Destornillador

Llave inglesa

Alicate de puntas

Alicate de pivote deslizante

Cúter o navaja

1 Saque la cabeza del grifo. En el ejemplo, simplemente se saca del cuerpo principal estirando.

2 Desenrosque el tornillo por la parte superior de la cubierta de plástico que la recubre.

3 Esta cubierta es una simple carcasa y basta tirar para separarla del grifo.

4 Utilice una llave inglesa ajustable para sacar la cabeza del cuerpo central. Puede que necesite otra llave o unos alicates de pivote deslizante para sujetar el cuerpo central mientras hace presión para sacarla. Si necesita hacer esto, ponga cinta en las puntas del alicate y enrolle un trapo alrededor del cuerpo central del grifo para evitar arañazos.

5 Una vez sacada la cabeza, usted encontrará la zapata de goma. En este caso, va sujeta con una tuerca que se puede sacar con un alicate de puntas, o una pequeña llave inglesa, como se muestra aquí.

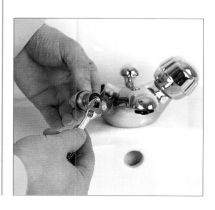

⑥ Saque la zapata de goma estropeada. Probablemente le resultará más fácil si utiliza un destornillador para aflojarla, y ponga la zapata nueva antes de volver a montar el grifo.

👍

Consejos profesionales

• **No pierda piezas:** Asegúrese de tapar el lavabo cuando vaya a cambiar una zapata, porque los pequeños tornillos y piezas de un grifo pueden caerse fácilmente y desaparecer por la cañería del desagüe.

• **Liberación de las zapatas:** Muchas veces la zapata de goma no va sujeta por una tuerca sino que está simplemente encajada. Si la zapata estropeada no sale con facilidad, puede usar una navaja o un cúter para cortarla. Humedezca la zapata nueva con agua caliente para hacerla más manejable y métala a presión.

OTROS TIPOS DE FUGAS

A veces el problema de las zapatas gastadas tiene que ver con las fugas que se producen en el surtidor del grifo. Sin embargo, los escapes producidos en la parte superior del cuerpo del grifo se deben sobre todo a fallos del sellado. Normalmente el sellado se mantiene mediante un precinto llamado junta de anillo, y se encuentra en varias partes del grifo. Si el agua se sale por la carcasa que recubre la cabeza o por la base del surtidor en un grifo monobloc, entonces habrá que cambiar la junta de anillo.

Cambio de los cartuchos de disco cerámico

Este moderno sistema de control de agua es muy eficaz y prácticamente no produce fugas. De hecho, es tan peculiar, que no es necesario cambiar pequeñas piezas cuando se estropea, sino que hay que cambiar el cartucho entero. Hay muchos modelos de cartuchos, por eso es muy importante saber cuál es el modelo exacto de su grifo antes de comprarlo.

Antes de ponerse a trabajar, asegúrese de cortar la llave general del agua o, si no, la llave de paso del grifo en cuestión. Deje que se vacíen totalmente las tuberías antes de empezar.

Herramientas para el trabajo

Destornillador

Llave inglesa

① Saque la cabeza del grifo. En este caso, hay que desenroscar un tope que existe en la parte superior de la cabeza tapando el tornillo. Hay que destornillar la cubierta. Normalmente se puede hacer a mano, pero una llave inglesa vendrá bien para hacer mayor fuerza. Proteja la superficie de la cubierta para evitar arañazos en el caso de que utilice una llave inglesa o unos alicates.

② Desenrosque el cartucho del cuerpo central usando una llave inglesa. Puede que necesite sujetar el cuerpo del grifo para hacer fuerza.

③ Saque el cartucho estropeado y coloque el nuevo; después monte otra vez el grifo.

OTROS MECANISMOS DE GRIFO

El tipo de reparación mostrado se refiere a dos tipos de grifo diferentes. Sin embargo, existen más tipos de mecanismos que controlan la salida del agua. Algunos más modernos utilizan un tipo de mecanismo en esfera y un solo mando controla la salida de agua fría y caliente a la vez. Las zapatas de goma y las juntas toroidales de anillo se utilizan también en este diseño; sin embargo, aunque el método de reparación es el mismo, a veces presentan ligeras diferencias según los fabricantes.

soluciones a problemas de ducha ⁄⁄

Las duchas pueden dar problemas tanto en su funcionamiento como en su acabado. Hablando de esto último, la mayoría de los problemas se deben al exceso de humedad en el ambiente y al agua caliente que choca con la superficie de la pared. Tanto si la ducha está en una cabina independiente, como si está incluida en la bañera, el vapor afecta a la zona pintada que pueda haber alrededor. En lo que se refiere al funcionamiento, hay unas cuantas reglas de mantenimiento muy simples que pueden alargar la duración de su instalación de ducha.

Instalación de un techo de pvc

La parte del techo que está encima de la ducha es el área más afectada por el agua. La acumulación de moho puede ocasionar daños, sobre todo en la pintura. Para prevenir esto, se puede instalar una plancha de pvc (cloruro de polivinilo) para formar una pantalla impermeable.

Herramientas para el trabajo

Lapicero

Cinta métrica

Serrucho

Pistola selladora

1 Mida la zona del techo que queda por encima de la ducha. En el caso de una cabina de ducha independiente, será la medida de todo el cubículo; en cualquier caso, usted deberá determinar qué porción de techo necesita cubrir.

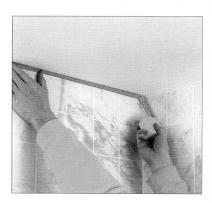

2 Marque las medidas sobre la plancha de pvc y córtela con un serrucho.

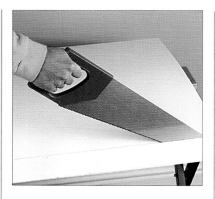

3 Aplique una buena capa de sellador de silicona en el reverso de la plancha de pvc.

4 Coloque la plancha en el lugar correcto, el sellador se pegará rápidamente.

5 Una vez que el sellador se ha secado, dé una tira de silicona alrededor de la plancha cubriendo todas las orillas, de modo que quede cerrada herméticamente. Para ello, puede ser muy útil ayudarse de la cinta adhesiva protectora (ver página 103). Una vez que se ha secado, ya se puede usar la ducha. Normalmente, es mejor dejar pasar veinticuatro horas después de finalizar el arreglo.

FIJACIÓN DE UNA PLANCHA DE PVC CON TORNILLOS

Si la plancha de pvc no se adhiere fácilmente al techo, puede que usted tenga que colgarla con alguna clase de fijación mecánica. Taladre unos agujeros atravesando la plancha y el techo e inserte unos tornillos. Sería aconsejable tapar la cabeza de los tornillos con un trocito de pvc para que no queden visibles. Para asegurar un buen sellado alrededor de los tornillos, aplique un poco de sellador en la cabeza del tornillo antes de introducirlo. De este modo, al atornillarlo, el sellador se extenderá por el cuerpo del tornillo, quedando totalmente hermético.

Pintado del techo

Los desconchones de la pintura, las acumulaciones de moho y las manchas son, por lo general, el resultado de la baja calidad de la pintura y de una limpieza escasa. Hay que llevar guantes cuando se realice esta tarea.

Herramientas para el trabajo

Guantes protectores

Trapo o esponja

Brocha

1 Lije la zona y límpiela con una solución fungicida para quitar el moho. Deje que se seque, y después aclárela con agua.

2 La pintura plástica semimate es más duradera y resistente al moho y al vaho que la pintura al agua estándar (ver página 106 sobre el mejor tipo de pintura para un cuarto de baño). Aplique dos o tres capas y deje que se seque completamente.

Mantenimiento

La mayoría de los problemas de una ducha se concentran en la alcachofa o en la manguera. Cómo son los elementos a los que se les da mayor uso, se les deberá aplicar un mantenimiento adecuado.

Limpieza de la alcachofa

Los agujeritos del surtidor se pueden obstruir con los depósitos de cal del agua, y esto es frecuente sobre todo en zonas de agua muy dura. Si ocurre esto, desmonte la alcachofa y limpie los agujeros. Hay que utilizar siempre guantes protectores cuando se maneja un disolvente de cal.

Herramientas para el trabajo

Destornillador

Cepillo de dientes

Guantes protectores

1 El modo de desmontar una alcachofa varía según el fabricante, pero, por lo general, hay un tornillo que se desenrosca fácilmente.

2 Limpie los agujeritos del surtidor con el disolvente de cal. Utilice un cepillo de dientes viejo para aplicar el líquido en todos los recovecos de la alcachofa. Lea atentamente las instrucciones de uso del disolvente y asegúrese de que es válido para alcachofas de plástico o de metal.

👍
Consejos profesionales

A veces se pueden limpiar los agujeritos de la ducha usando simplemente un alfiler (tenga cuidado de no pincharse usted mismo mientras lo hace). Sin embargo, este método no es aconsejable si su ducha contiene diafragmas de plástico, porque se pueden agujerear con el alfiler.

Renovación de la manguera

Otro problema muy común en las duchas es el de las fugas alrededor de la unión entre la alcachofa y la manguera. Algunas veces es muy fácil solucionarlo colocando una arandela de goma, pero por lo general hay que poner una manguera nueva. Asegúrese de que es del tamaño adecuado y cámbiela simplemente desenroscando la vieja y enroscando la nueva.

arreglo de atascos y fugas ⚒⚒⚒

Muchos de los problemas de un cuarto de baño están ocultos, pero sus efectos pueden ser devastadores si no se actúa rápidamente. Cualquier tipo de atasco debe tratarse en cuanto se perciba, porque puede ocasionar daños mucho más costosos. Del mismo modo, si las tuberías tienen fugas por alguna junta, o por algún agujero, hay que repararlas en seguida, porque el agua no cesará de salir hasta que esto no se haya arreglado.

Soluciones básicas para lavabos

Hay dos formas de tratar un atasco en un lavabo; ambas se detallan a continuación.

Uso de desatascadores químicos

Hay varios tipos de desatascadores químicos. La mayoría son cáusticos (normalmente contienen hidróxido sódico); por eso es importante usar guantes protectores. Es mejor utilizarlos al menor síntoma de atasco. Lea atentamente las instrucciones de uso, aunque, por lo general, basta con echar por el desagüe una o dos cucharadas soperas bien colmadas del producto. Deje correr un poco de agua para asegurarse de que no han quedado restos en el seno del lavabo, y espere de 20 a 30 minutos antes de soltar más agua para que el desatascador actúe. Puede que se necesite una segunda aplicación para eliminar el atasco. Procure que el baño esté muy bien ventilado mientras se realiza la operación, porque se producen vapores nocivos.

✋ Consejo de seguridad

En las casas que tienen un pozo séptico en su sistema de evacuación, no se pueden utilizar limpiadores cáusticos. En su lugar, hay que emplear un tratamiento bactericida. Como es habitual, siga las instrucciones del fabricante.

Desatascadores mecánicos

Cuando los desatascadores químicos no son efectivos, la siguiente opción es el desatascador mecánico. La primera operación es crear una cámara estanca en el sistema de evacuación. Esto se consigue insertando un trapo o una tela en el agujero del rebosadero. Después, coloque la ventosa del desatascador sobre el agujero del desagüe del lavabo. Mueva el mango del desatascador arriba y abajo, rítmicamente; de ese modo, primero se ejerce presión sobre el atasco, y luego se libera. Aquí se ha utilizado un desatascador de diseño moderno; el funcionamiento es muy similar, excepto en que el agua es succionada dentro del cilindro del desatascador y después es enviada a presión contra el atasco, produciendo el desbloqueo.

Cómo desatascar inodoros

Los inodoros se pueden desatascar del mismo modo que los fregaderos, siempre y cuando la ventosa del desatascador sea suficientemente grande como para cubrir toda la salida de la taza. Otra alternativa es utilizar una sonda de desatascar, como se muestra a continuación.

1 Se estira el resorte de la sonda de desatascar hasta conseguir una longitud apropiada para extenderlo sobre el desagüe en forma de U de la taza.

2 Se presiona con el resorte sobre el desagüe y se gira el mango hasta darle la vuelta.

Problemas en las tuberías

Cuando se presentan pequeñas fugas o goteras en las tuberías, piense siempre en soluciones sencillas antes de tomar una decisión más drástica. Muchas veces, basta con apretar un poco una rosca con la llave inglesa, o volver a sellar una unión, para solucionar el problema.

Uniones de tuberías a compresión

A menudo, una fuga en la unión de dos tramos de tubería se puede arreglar apretando las tuercas de seguridad con una llave inglesa. Sin embargo, si esto sólo no sirve, habrá que cambiar todos los elementos de la unión.

Colocación de cinta en las roscas

Las fugas en los empalmes de los tubos se pueden arreglar añadiendo un poco de cinta de ptfe (politetrafluoretileno). Enrolle simplemente un poco de cinta alrededor de la rosca antes de volver a atornillar ese elemento.

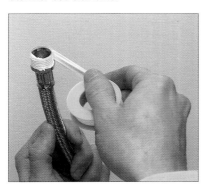

Cambio de sección de tubería

Un clavo mal colocado es la causa más frecuente de las fugas en las tuberías y es esencial atajar el problema inmediatamente. Antes de nada, cierre la llave de paso del agua.

Herramientas para el trabajo

Destornillador

Sierra de arco

Llave inglesa

1 Detenga inmediatamente la salida de agua de la tubería perforada, insertando un tornillo un poco más grande en el agujero de la tubería. Un par de vueltas al tornillo pueden ser suficientes para detener el escape.

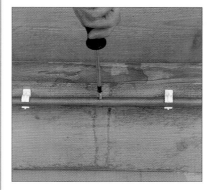

2 Una vez que la llave de paso del agua esté cerrada, utilice una sierra de arco para cortar el trozo de tubería.

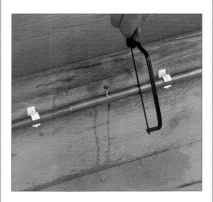

3 Desmonte la unión, deslizando el tramo y la anilla pequeña hacia uno de los lados de la zona dañada de la tubería.

4 Repita el proceso en el otro lado de la tubería, y luego corte una nueva sección que encaje entre los dos extremos. Haga coincidir los lados correspondientes de cada unión.

5 Apriete las uniones con la llave inglesa.

Consejos profesionales

Si la tubería que esta reparando no tiene suficiente flexibilidad para que las secciones puedan moverse juntas o por separado, use una tubería de plástico con los adaptadores apropiados (véanse páginas 42-43).

reparación de una bañera ⁊⁊

Se puede mejorar el aspecto de una bañera simplemente cambiando los paneles de revestimiento o poniendo una grifería más moderna. Además, usando la técnica y los materiales adecuados, se pueden arreglar los arañazos de la superficie. Los productos para la restauración del esmaltado son muy fáciles de aplicar y pueden transformar una bañera vieja en una completamente nueva. También hay que renovar el sellador alrededor del borde de la bañera, para añadir un toque más nítido al aspecto general.

Restauración del esmalte de una bañera

Aunque las bañeras esmaltadas son muy resistentes, con el tiempo pierden brillo, su superficie se vuelve sucia y pueden aparecer desconchones. Volver a esmaltarla de un modo profesional suele ser muy caro, pero hoy en día existen productos que permiten restaurar el esmalte estropeado y que casi consiguen devolverle a su aspecto original. Son muy fáciles de utilizar, pero su aplicación precisa de un gran esmero para conseguir un acabado impecable. A menudo, estos productos se pueden utilizar sobre otro tipo de superficies, algunas cerámicas, hierro o plástico, pero nunca deben usarse en bañeras acrílicas. Lea atentamente sus instrucciones de uso para comprobar si es apropiado para su bañera. En este ejemplo, se muestra cómo se restaura el esmalte de una bañera.

Herramientas para el trabajo

Esponja

Trapo

Kit para restaurar esmalte

Taladro sin cable

1 Primero, limpie bien la suciedad de la bañera con un detergente suave y deje que se seque bien. Proteja los grifos y el desagüe con cinta adhesiva protectora para no ensuciarlos mientras se trabaja.

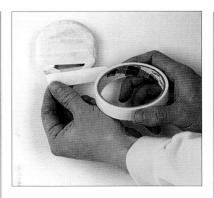

2 Limpie la bañera con el limpiador y la esponja que vienen con el producto. Aclare y deje que se seque.

3 Lije la superficie de la bañera con una lija de papel de grano fino. Aclare con agua caliente y deje que se seque.

Consejo de seguridad

Asegúrese de que el cuarto de baño está correctamente ventilado cuando utilice un producto restaurador del esmalte, ya que éste puede desprender gases que causan mareos.

4 Con la mayoría de estos sistemas hay que hacer previamente la mezcla del endurecedor y del producto cubriente.. Siga los consejos del fabricante.

5 Utilice una brocha pequeña para aplicar el producto alrededor de los grifos y del desagüe; por lo general resulta difícil acceder a estas zonas con el rodillo. Procure aplicar las capas del modo más uniforme posible.

6 Vierta la mezcla de producto restaurador en la cubeta del rodillo o en la bandeja supletoria que venga con el producto y distribúyalo sobre la superficie del rodillo.

7 Aplique el producto restaurador a la bañera del modo más uniforme posible, empapando el rodillo cada cierto tiempo. Procure que no queden brochazos irregulares.

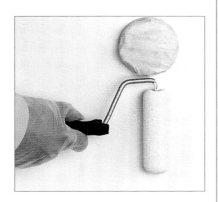

8 Una vez que el producto se ha secado, aplique otra capa. Intente de nuevo cubrir los brochazos y las marcas del rodillo para lograr un buen acabado. Cuando la superficie esté seca, quite la cinta adhesiva protectora.

👍

Consejos profesionales

- **Eliminación del sellador:** Cuando la bañera está en contacto con la pared, hay que quitar el sellador para que el nuevo revestimiento se extienda bien por los bordes.
- **Tiempo de secado:** Deben pasar unas 48 horas para que el producto restaurador esté completamente seco y se pueda usar la bañera. Es conveniente leer las instrucciones específicas del fabricante.
- **Limpieza posterior:** Una vez que se ha restaurado el esmalte de una bañera, hay que utilizar limpiadores no abrasivos sobre su superficie, aplicándolos con una esponja o un trapo.
- **Protección adicional:** Para una mayor protección, aplicar sobre la bañera una capa de cera para automóviles una o dos veces al año para mantener su acabado tan limpio y brillante como se pueda.
- **Cambio del manguito del rodillo:** Utilice diferentes manguitos en el rodillo cada vez que aplique una capa, porque no se puede limpiar el rodillo entre cada mano. Si utiliza el mismo manguito para la segunda capa, el acabado puede quedar rugoso y antiestético.

REPARACIÓN DE ARAÑAZOS

Los pequeños arañazos o desconchones en la superficie de una bañera se pueden camuflar dando unos pequeños retoques de pintura plástica semimate sobre las marcas. Quite el exceso con un trapo y deje que se seque bien antes de usar la bañera.

Renovación del sellador

El sellador que hay alrededor de los bordes de la bañera hay que renovarlo al cabo de un tiempo. Quitar el viejo y colocar uno nuevo es una tarea muy sencilla.

Herramientas para el trabajo

Pincel

Rascador de vidrios

Pistola o dispensador de sellador

1 Utilice una pequeña brocha para aplicar el producto disolvente sobre el sellador. Deje que se empape bien toda la zona, siguiendo las instrucciones del fabricante.

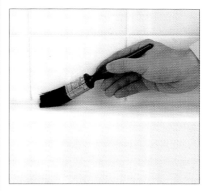

2 Con una espátula para ventanas, levante el sellador que cubre la línea divisoria entre la bañera y la pared, tratando siempre de no arañar la superficie de la bañera.

3 Limpie con un trapo los restos del sellador, y si lo humedece con alcohol metílico, le ayudará a preparar la superficie para volver a aplicar el sellador (siga los pasos para el "sellado" de la página 103).

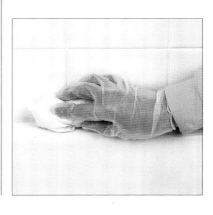

reparación de azulejos ⤢

Es prácticamente inevitable que los azulejos de un cuarto de baño se deterioren al cabo de un tiempo. Antes de volver a alicatarlo por completo, es preferible realizar una pequeña reparación que solucione el problema del modo más efectivo. La gravedad del problema varía mucho, desde unos cuantos azulejos partidos al simple amarilleo de la lechada. En cualquier caso, su reparación suele consistir en un proceso bastante sencillo.

Las condensaciones, los depósitos de humedad y el uso diario son factores que contribuyen al deterioro progresivo de la lechada de las juntas entre azulejos. A menudo la principal razón que encuentra la gente para cambiar el alicatado de su cuarto de baño es que la lechada ha perdido color y entristece el aspecto general de los azulejos. Sin embargo, no siempre es necesario volver a alicatar el baño, simplemente reavivando o cambiando la lechada se puede conseguir que los azulejos queden como nuevos.

Reposición de la lechada

Herramientas para el trabajo

Rasqueta para lechada

Aspirador

Espátula para lechada

Esponja

1 Con la rasqueta específica quite la lechada de las juntas. Al ejercer presión, sus bordes estriados y rugosos levantan la capa de lechada. Tenga cuidado de no arañar el canto de los azulejos.

2 Una vez que ha rascado toda la superficie, es muy importante quitar el polvo y los restos que hayan quedado tanto en las juntas como en los azulejos. Límpielos con un aspirador.

3 Una vez hecho esto, ya puede aplicar la nueva lechada siguiendo la técnica habitual (ver página 103). Si quiere dar un toque diferente, podría utilizar una lechada coloreada en lugar de la blanca. El producto para colorear la lechada normalmente viene en formato de polvos que hay que mezclar con la lechada blanca hasta conseguir el tono deseado.

Reavivar la lechada

Comparado con la reposición de lechada, el proceso para reavivarla es mucho más sencillo y resulta un método rápido para conseguir un buen acabado que dé sensación de limpieza. La sustitución total es más duradera, pero resulta una tarea muy laboriosa; la opción de reavivar la lechada es sencilla y muy fácil de llevar a cabo siguiendo unas pautas generales. Normalmente, los productos vienen en un kit con todo lo necesario.

Herramientas para el trabajo

Kit para reavivar la lechada

Esponja

Limpie bien la superficie y espere a que esté completamente seca. A continuación aplique el producto en todas las juntas como si se tratara de pintura. Quite el exceso de producto con una esponja humedecida. Normalmente hay que dejar pasar un tiempo mínimo antes de poder realizar esta última operación, así que consulte las instrucciones del fabricante.

Sustitución de un azulejo

Los azulejos pueden romperse por accidente, o simplemente agrietarse con el paso del tiempo si no son de muy buena calidad. Cualquiera que sea la razón, el proceso a seguir para reponerlos será el mismo. Puede resulta difícil encontrar azulejos del mismo color o incluso de la misma tonalidad que los existentes, por eso hay que escogerlo con mucho cuidado. Por esta razón, es conveniente quedarse con unos cuantos al realizar una tarea de alicatado en una superficie nueva.

Herramientas para el trabajo

Taladro sin cable
Rascador
Mazo pequeño
Cincel
Gafas protectoras
Guantes
Espátula para adhesivo
Espátula para lechada
Esponja

Consejo de seguridad

Utilice siempre gafas protectoras cuando taladre los azulejos y los extraiga, así evitará que le puedan saltar esquirlas a los ojos.

1 Taladre unos cuantos agujeros en el azulejo roto para aflojarlo. Si puede, use una broca especial para azulejos porque una broca de

albañilería podría romper los otros azulejos. Procure taladrar sólo el azulejo dañado.

2 El siguiente paso es quitar la lechada que hay alrededor del azulejo roto con una rasqueta especial para juntas.

3 Saque el azulejo roto con el mazo pequeño y el cincel. Procure no salirse de la superficie dañada para no estropear otros azulejos.

4 Utilice la rasqueta normal para quitar los restos de adhesivo que quedan en la pared.

5 Aplique adhesivo en el hueco y coloque el azulejo nuevo. Utilice separadores para mantener la correcta separación entre los cantos de los azulejos. Deberán colocarse en ángulo recto con respecto a la superficie alicatada.

6 Ponga un listón contra la superficie alicatada para que el nuevo azulejo quede perfectamente nivelado con el resto. Si fuese necesario quítelo y añada capas de adhesivo hasta conseguirlo.

7 Una vez que el adhesivo esté seco, quite los separadores y aplique la lechada en las juntas siguiendo los pasos habituales.

renovación de un cuarto de baño ya existente

No es necesario cambiar el cuarto de baño por completo para transformar su aspecto. Si está contento con el mobiliario que tiene y simplemente quiere modernizarlo un poco, hay una serie de alternativas que le permitirán realizar las modificaciones necesarias ajustándose a las características existentes. Este capítulo trata sobre esas reformas que tan sólo requieren unos cuantos cambios muy selectivos. Cada uno de los ejemplos que se muestra está adaptado a unas necesidades específicas y atendiendo los gustos y las preferencias personales.

Con un diseño de azulejos decorativos y pintura de brillo, se ha conseguido que este cuarto de baño parezca completamente nuevo.

cambio en la iluminación

La iluminación resulta particularmente importante en un cuarto de baño para crear una atmósfera de relax. Hay una extensa variedad de opciones, y los fabricantes están continuamente innovando tanto en funcionalidad como en diseño. Además de elegir el tipo apropiado de accesorios, usted deberá tener en cuenta el efecto que la luz va a producir sobre los demás componentes del cuarto de baño, como por ejemplo los espejos. Tanto la instalación de la red como la de los accesorios eléctricos las deberá realizar un electricista profesional.

Iluminación halógena

Los apliques para la iluminación halógena van empotrados en el techo o en la pared. La iluminación halógena es cada vez más popular, y esto se debe al acabado moderno y cuidado que ofrece, así como a su gran efectividad. La mayoría de los apliques son de bajo voltaje y producen una atmósfera suave que invita a la relajación en el baño. Se suelen instalar varios focos repartidos por el cuarto, ofreciendo un efecto mucho más acogedor que las lámparas colgadas.

DERECHA: *El aspecto elegante y moderno de este cuarto de baño se realza gracias a la iluminación halógena, que ofrece una luz dirigible y suave, creando un clima perfecto para el relax.*

ABAJO: *En este cuarto de baño se ha instalado un punto de luz halógena iluminando directamente la cabina de ducha, algo que no hubiera resultado adecuado con una lámpara colgada. A su vez se ha conseguido independizar la cabina, se ha aprovechado un lateral para colocar un toallero y un revistero.*

RIELES PARA ILUMINIACIÓN

Las luces montadas sobre carriles son otra moderna innovación perfecta para un cuarto de baño actual. Estos complejos sistemas de iluminación ofrecen excelentes resultados decorativos, ya que permiten cambios tanto en la dirección como en la intensidad de la luz. Además, trabajan a bajo voltaje, y eso proporciona una proyección de luz más suave.

Iluminación a media altura

La iluminación a media altura o desde la pared es la que se encuentra en los baños más tradicionales, que centran su aspecto final en la elegancia y los toques decorativos, aunque esto también puede aplicarse al diseño de un baño moderno. Este tipo de instalación es direccional, por eso ofrece grandes diferencias de iluminación según el área sobre la que se proyecte, creando un fuerte contraste sobre todo el conjunto. Esta luz es ideal para iluminar intensamente las zonas de uso más frecuente, como puede ser el lavabo, y así, el uso del cuarto de baño para funciones específicas será lo más fácil posible.

Espejos

Los espejos cumplen una tarea tanto estética como funcional: debido a sus propiedades reflectoras pueden ayudar a aumentar la iluminación en un cuarto de baño, incluso aunque la fuente de luz sea limitada. Además, poseen la cualidad de dar una sensación de más cantidad de espacio. Su tamaño es un aspecto muy importante; cuanto más grande sea el espejo, mayor será su efecto reflectante.

ARRIBA DERECHA: *Las luces halógenas se han instalado con una cubierta direccionable y se han empotrado en la pared, creando estilo, y a su vez se han proyectado sobre el lavabo, cumpliendo su papel práctico.*

DERECHA: *Los sistemas de iluminación diseñados específicamente para utilizar con espejos proporcionan un gran efecto decorativo y hacen que el uso del espejo sea lo más fácil y cómodo posible.*

ABAJO: *La limitada luz natural se realza gracias a los colores pálidos de su decoración y de sus accesorios, que reflejan y proyectan más luz en la habitación.*

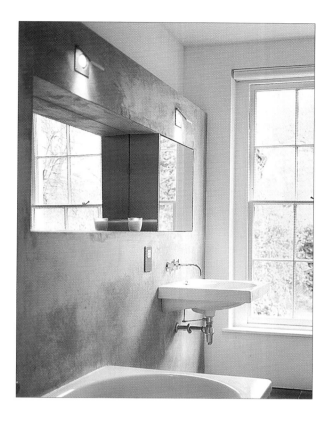

Luz natural

Elegir los colores de la pared, el mobiliario y los azulejos de unas características determinadas, para que reflejen la luz natural, puede ayudar a que una habitación oscura aparezca más luminosa y ventilada. El éxito aquí va a depender de la cantidad de luz natural de que se disponga, teniendo en cuenta cómo emplearla para ayudar a mejorar la atmósfera general de la habitación.

construcción de una pared de vidrio 🗲🗲🗲

Una pared de bloques de cristal aporta una fina decoración a un cuarto de baño, dividiendo espacios o incluso formando parte de la cabina de ducha; pero hay que tener muy presente que nunca se deben utilizar en estructuras de mayor envergadura. Se pueden construir, bien sobre un bastidor, o bien uniéndolos con un método más tradicional, empleando mortero. En este último caso, es preferible utilizar mortero blanco para conseguir que las juntas tengan un acabado más atractivo. Cuando planifique el trabajo, recuerde que los bloques de cristal no se pueden cortar; por tanto, hay que tomar medidas teniendo en cuenta la longitud de los bloques.

Utilización de un bastidor

Existen kits destinados especialmente al montaje de una pared con bloques de cristal que permiten realizar el trabajo de un modo muy sencillo. Este tipo de pared no se debe construir en zonas donde se exija impermeabilidad absoluta (una cabina de ducha, por ejemplo), sino simplemente para diferenciar espacios.

Herramientas para el trabajo

Lapicero

Cinta métrica

Nivel de burbuja

Sierra para ingletar o serrucho

Taladradora sin cable

Destornillador

1 Una vez decidido el lugar donde se va a construir el muro, compruebe, con el nivel, que la lámina lateral está totalmente vertical contra la pared. Estas láminas deben venir de fábrica provistas de unos ganchos sobre los que se sujetarán las secciones horizontales. Quizá necesite cortar la lámina para ajustarla al nivel requerido.

2 Sujete la lámina lateral en su posición con tacos y tornillos o, como se muestra aquí, insertando tornillos para hormigón en la pared donde se va a fijar. Las cabezas de los tornillos deben entrar hasta el fondo, sin que haya salientes que impidan colocar bien los bloques de cristal. Una vez sujeta, compruebe otra vez que la lámina esté completamente vertical.

3 Enganche la lámina que va sobre el suelo, formando un ángulo de 90° con la lámina lateral. Fíjela al suelo, bien con tornillos si el suelo es de madera, o bien con tornillos para hormigón en el caso de suelos sólidos (como en el ejemplo). Tenga cuidado

de no perforar con los tornillos las instalaciones que se puedan encontrar bajo el suelo.

4 Coloque el primer bloque de cristal en la lámina que hay en el suelo y deslícelo hasta la base de la lámina lateral. Ambas están diseñadas con un canal que permite sujetar el bloque con cierta holgura.

5 Coloque un puntal vertical pegado al bloque de cristal para que sirva de separador; y añada el siguiente bloque. El puntal no necesita sujeciones porque el propio peso de los bloques lo mantiene en su sitio. Continúe con la fila, añadiendo bloques y puntales.

6 Una vez completada la fila, tendrá que añadir un puntal horizontal para que sirva de base a la siguiente fila. Si no viene cortado a medida de fábrica, córtelo con una sierra para ajustarlo a la medida requerida. Atornille las fijaciones necesarias en los extremos del puntal para engancharlo a la lámina vertical de la pared.

7 Coloque el puntal horizontal encima de la fila de bloques y engánchelo a la lámina vertical, comprobando que está bien asentado. Es también un buen momento para comprobar el nivel horizontal del muro. Si fuera necesario hacer algunos ajustes, se puede subir el nivel de la lámina horizontal que apoya en el suelo. La estructura debe quedar vertical y perfectamente alineada en su conjunto.

8 Después de colocar la última fila de bloques, hay que añadir sobre ella una lámina horizontal. Y otra lámina vertical en el lado del muro que ha quedado abierto.

Utilización del mortero

Herramientas para el trabajo

Lapicero

Cinta métrica

Clavos y puntas

Nivel de burbuja

Martillo

Taladradora sin cable

Paleta

Esponja

El empleo de mortero para construir un muro de bloques de cristal exige cierta habilidad para aplicar el mortero y dejar los bloques nivelados. Los separadores ayudan a guardar la distancia entre los bloques tanto en filas como en columnas. Hay que ayudarse de una cuerda para trazar una línea y colocar la primera fila, comprobando a menudo su posición con un nivel de burbuja.

1 Dibuje una línea vertical sobre la pared, a continuación trace una línea horizontal con la cuerda hasta la pared opuesta haciéndola corresponder con la altura de la primera fila de bloques. Se debe utilizar

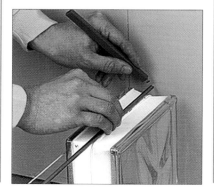

una varilla de acero para reforzar el muro. Para marcar la posición de esta varilla, sitúe un bloque provisionalmente, sin mortero, y a continuación taladre el agujero.

2 Coloque el primer bloque con separadores y aplique el mortero al hueco que queda entre ellos. Rellene el extremo del bloque con mortero antes de colocarlo contra la pared, y acomódelo sobre su base.

3 Continúe añadiendo bloques, espaciadores y varillas de acero en cada fila. (También puede añadir varillas verticales a través de las juntas, una vez que el muro esté construido.) Cuando acabe, quite los separadores y aplique lechada y brillo para finalizar.

LA BASE DE LA PARED

Las paredes de bloques de cristal pueden construirse sobre suelos de hormigón o sobre suelos de madera. En el primer caso, los bloques se pueden colocar, bien directamente sobre la superficie del suelo con mortero, o bien montados sobre un bastidor. En el caso de los suelos de madera, el bastidor proporciona el soporte necesario, pero en el caso de emplear mortero, hay que fijar una lámina de madera sobre el suelo para reforzar la sujeción.

colocación de friso machihembrado

El empleo de los paneles de machihembrado es muy efectivo para transformar la pared de un cuarto de baño y aportar sensación de calidez. Los paneles se pueden instalar en toda la pared, o formando un friso, como muestra el ejemplo siguiente. Colocar los paneles requiere dos pasos: primero se hace una estructura sobre la que irán montados los tablones, y luego se cortan los tablones para ajustarlos al tamaño requerido y se montan.

Consejo de seguridad

Compruebe siempre con un detector si hay tuberías o cables ocultos antes de comenzar a taladrar la pared para colocar los paneles.

Herramientas para el trabajo

Lapicero

Cinta métrica

Nivel de burbuja

Serrucho

Taladro sin cables

Martillo

Puntero

Sierra de ingletes

Construcción del bastidor

Hay que sujetar los paneles de machihembrado sobre una estructura de madera o bastidor. Aunque las medidas ideales para los listones son 5 x 2,5 cm, en los cuartos de baño puede resultar interesante utilizarlos un poco más grandes, por ejemplo de 5 x 5 cm; de ese modo se puede aprovechar el espacio que queda en la parte superior del panel como repisa. Otra ventaja es que, al contar con mayor profundidad, las tuberías sujetas a la pared pueden ocultarse fácilmente tras el bastidor.

1 Una buena altura para el friso puede ser aproximadamente un metro desde el nivel del suelo. Para estas dimensiones, habrá que fijar sobre la pared tres listones de madera horizontales: uno al nivel del suelo, otro a la altura máxima que va a tener el friso y el otro equidistante de los anteriores. Dibuje unas líneas guía para los listones, utilizando el nivel de burbuja para asegurarse de que queden perfectamente horizontales.

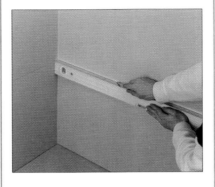

2 Fije los listones a la pared siguiendo las líneas trazadas. En este caso, se han insertado unos tornillos para cemento directamente en la pared de albañilería atravesando los listones. En las paredes huecas, hay que utilizar tacos y tornillos para sujetar los listones.

3 Si hay alguna tubería, corte el listón dejando un espacio para que la tubería quede dentro del bastidor.

Fijación de los paneles

El revestimiento con paneles de machihembrado permite que los puntos de fijación queden ocultos. Esto es muy simple: los pequeños clavos y puntas (depende del grosor de los paneles) se clavan en un ángulo de 45°, atravesando la lengüeta del tablón que está ya colocado. La ranura del siguiente tablón cubre esa lengüeta; por tanto, la cabeza del clavo quedará oculta. Al montar los tablones, es mejor empezar por el interior de un rincón y tener preparados unos cuantos tablones cortados a medida; de esa manera se agiliza el trabajo. Hay que contar con que el suelo puede presentar irregularidades y se pueden necesitar tablones de diferentes alturas para que el nivel del friso quede perfecto.

Consejos profesionales

No se olvide de dejar una abertura en la estructura de paneles para poder acceder a las llaves de paso y a las válvulas de cierre, o para poder cortar el suministro del agua fácilmente en caso de emergencia (ver página 63).

1 Coloque la primera tabla con la ayuda de un nivel de burbuja para comprobar que queda completamente vertical.

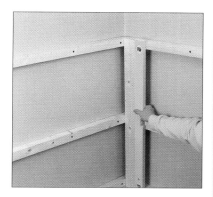

2 Fije la primera tabla a los tres listones de la estructura. Las fijaciones quedarán ocultas al colocar la siguiente tabla.

3 Inserte los clavos en la lengüeta de la tabla y utilice un puntero para que la cabeza del clavo no sobresalga.

Consejos profesionales

• **Colocación selectiva de paneles:** En las paredes sobre las que apoyan muchos accesorios, como el lavabo, el bidé y la taza, hacer un bastidor y revestirlo de paneles puede resultar muy complicado. Merece más la pena revestir sólo aquellas paredes que estén libres de obstáculos.
• **Decoración:** Se puede dar una capa de pintura o de barniz natural a los paneles para que se complementen mejor con la decoración de la habitación.

4 Siga añadiendo tablas, metiendo la ranura de la siguiente en la lengüeta del anterior e insertando clavos en la lengüeta de la tabla que se acaba de poner.

5 Necesitará poner una moldura embellecedora en los ángulos de las esquinas para cubrir la unión. Ésta puede sujetarse con pegamento o con clavos.

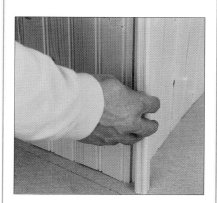

6 Para rematar la parte superior del friso, corte en inglete unos listones de 7,5 x 2,5 cm para formar los ángulos de las esquinas. Este procedimiento da un acabado mucho más profesional que si se dejan rectos.

7 Fije dichos listones con tornillos o clavos atravesando los listones de 5 x 5 cm por debajo de la estructura para afianzar la sujeción.

8 Coloque la moldura decorativa en la parte de debajo de los listones de 5 x 2,5 cm, consiguiendo así un resultado mucho más atractivo.

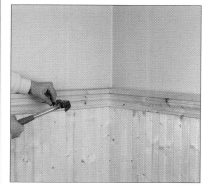

ALTERNATIVA PARA EL ACABADO DEL BORDE

En lugar de utilizar una moldura, usted puede conseguir un acabado más sencillo haciendo un remate curvo con la fresadora en el borde del listón.

alicatado hasta media altura 〃〃

Mucha gente piensa que, si hay que renovar un cuarto de baño, lo mejor es cambiarlo por completo y volverlo a alicatar. Sin embargo, puede ser una buena opción utilizar la parte de alicatado que esté en perfectas condiciones como base para una nueva decoración. Se puede volver a alicatar toda la superficie deteriorada, o bien alicatar sólo hasta la mitad, como muestra el ejemplo.

Herramientas para el trabajo

Lapicero

Cinta métrica

Nivel de burbuja

Taladro sin cable

Brocha para pintura

Taladro eléctrico con accesorio mezclador

Paleta

Espátula

Cortador de azulejos

Espátula para lechada

Esponja

1 Este procedimiento consiste en colocar azulejos nuevos hasta la mitad de la pared y enlucir sobre el resto de azulejos viejos. Necesitará tener las dos zonas perfectamente diferenciadas, y para eso utilice una barra de madera para el friso o fije unas molduras de un metro aproximadamente desde el nivel del suelo. Utilice un nivel de burbuja para trazar una línea horizontal sobre la pared. Necesitará una broca especial de azulejos para hacer los agujeros en la superficie donde tiene que ir la barra. Utilice tornillos para hormigón si hay muro de albañilería, o los tacos y los tornillos estándar si es una pared hueca.

2 Limpie la superficie de azulejo que queda por encima de la barra del friso. Espere a que se seque y lije bien para preparar la superficie para el nuevo acabado. Aplique una capa de pva (polivinilo adhesivo) a los azulejos (50:50 agua y pva) y espere a que la capa esté pegajosa para comenzar a aplicar el yeso.

3 Mezcle un poco de yeso y aplíquelo en esa zona, utilizando una paleta para conseguir un buen acabado. Apriete el yeso firmemente contra la pared golpeando en barrido con la hoja de la llana: eso permite que quede liso.

Consejos profesionales

- **Mezcla de yeso:** Utilice un yeso multiuso y mézclelo hasta que se forme una pasta fina. Utilice, si es posible, un taladro con accesorio mezclador para facilitar este proceso.
- **Pulido:** Una vez que el yeso se ha aplicado sobre la pared y se ha alisado de la mejor manera posible, déjelo secar hasta que quede firme pero todavía un poco mordiente. Entonces se puede pulir con una paleta de albañil mojada, para eliminar cualquier imperfección de la superficie.
- **Tiempo de secado:** El yeso que se aplica sobre azulejos tarda más de lo normal en secarse. No intente pintar o empapelar antes de que este nuevo enlucido esté completamente seco.

4 Planifique la colocación de los azulejos que se van a poner en la zona de debajo de la barra del friso, de modo que las juntas no coincidan con las que dejan los viejos. Una fila de baldosines completos en la parte superior siempre proporciona un buen acabado. Mida la distancia a la barra del friso y marque la altura que deberá tener la hilera de azulejos de encima del rodapié, para que se pueda acabar con una fila de azulejos completos en la parte de arriba.

5 Atornille un listón de soporte en la pared por encima del rodapié para tener una base sobre la que colocar la primera fila de azulejos. Como en el paso 1, utilice las fijaciones apropiadas para sujetar el listón. Necesitará una broca de azulejos para poder perforar bien la superficie de los mismos.

6 Aplique adhesivo sobre los azulejos viejos con una espátula. Coloque los azulejos nuevos, utilizando separadores del modo habitual (ver páginas 100-103).

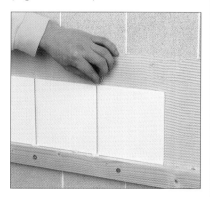

7 Siga poniendo filas de azulejos, acabando el diseño debajo de la barra del friso con una fila de azulejos completos, como estaba planeado.

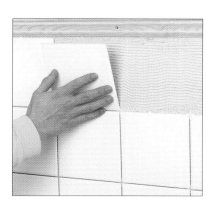

8 Deje que se sequen los azulejos. El adhesivo tardará más en secar debido a la base de azulejos viejos. Es mejor esperar 48 horas antes de continuar. Una vez secos, quite la barra soporte y rellene esa zona con azulejos cortados a medida. Una vez que el adhesivo de éstos se ha secado, aplique la lechada a toda la superficie del modo habitual y limpie la superficie con una esponja húmeda. Ver páginas 102-103 sobre cómo cortar azulejos.

ALTERNATIVA PARA EL ACABADO DEL BORDE

Un baño alicatado hasta la mitad no tiene por qué acabar con un listón de madera en la parte superior. Se puede poner a esa altura una tira de plástico fijada a la pared con adhesivo, tapando los bordes de los azulejos.

Otra alternativa es colocar una greca de azulejo. El relieve del diseño de los azulejos que se ha utilizado en este ejemplo produce un efecto tridimensional.

Una fila de azulejos estampados en un diseño de alicatado a media altura crea una atractiva línea divisoria en la pared, y es especialmente vistoso en habitaciones de techos altos.

decoración de azulejos 〆

Hacer pequeñas modificaciones en el diseño de los azulejos de un cuarto de baño puede dar como resultado un gran cambio en su apariencia final. Muchas veces, incluso aunque los azulejos tengan todavía un aspecto nuevo y brillante, una ligera modificación puede hacer maravillas. Los ejemplos que se muestran a continuación sólo se pueden hacer sobre superficies alicatadas sólidas. Si los azulejos están poco sujetos, o se mueven, entonces será necesario quitar los viejos y comenzar desde el principio (ver también páginas 122-123 sobre cómo cambiar azulejos).

Calcomanías para azulejos

Una simple decoración de azulejos blancos puede quedar bien en algunos cuartos de baño, pero puede resultar muy interesante añadir estampados a una superficie insulsa empleando calcomanías para azulejos; es una manera sencilla de realzar el baño. El método para colocarlas puede variar ligeramente según los fabricantes, pero los pasos básicos son similares.

Herramientas para el trabajo

Esponja
Cubo
Trapo

1 Lo primero que hay que hacer es limpiar muy bien la superficie de azulejos, eliminando todo rastro de suciedad con una esponja.

2 Meta la calcomanía en un cubo con agua caliente empapando muy bien la hoja. Siga las instrucciones del fabricante para realizar esta tarea.

3 Saque la calcomanía del cubo y sacuda el exceso de agua. Sitúela sobre el azulejo.

4 Una vez decidida la posición exacta en la que va a ir, despegue el papel protector para que se fije la imagen sobre el azulejo.

Consejos profesionales

No coloque las calcomanías en zonas de posible erosión. Aunque una vez secas suelen ser muy resistentes, no pueden soportar los rigores de una limpieza regular. Sería una buena idea comprar algunas unidades extra para reponer las que se dañen, aunque este problema no será muy importante, si no le importa combinar diseños diferentes.

5 Frote suavemente con un trapo seco para quitar el exceso de agua y eliminar las burbujas de aire.

Pintado de los azulejos

Un modo muy simple de cambiar el aspecto de los azulejos es pintarlos de un color nuevo o combinando colores. La imprimación para azulejos que existe actualmente en el mercado hace esto posible y proporciona un acabado muy duradero.

Herramientas para el trabajo

Esponja
Brocha para pintar

1 Es fundamental que lije muy bien la superficie alicatada. Limpie el polvo y la suciedad con un detergente suave y aclárelo bien con agua caliente. Deje que se seque completamente.

2 Recubra toda la superficie con la imprimación para azulejos. Cuando esté seca, puede aplicar la pintura que haya elegido: pintura al agua, pintura satinada o pintura mate.

👍 Consejos profesionales

Si elige pintura al agua, aplique después una capa de barniz para aumentar su resistencia.

Colocación de azulejos con dibujo

Otro modo de realzar una superficie alicatada es quitar algunos azulejos y colocar en su lugar un cuadro de azulejos pintados o con algún estampado. La técnica para quitar los azulejos se explica con más detalle en las páginas 122-123.

Herramientas para el trabajo

Rasqueta para lechada

Taladradora sin cable

Guantes y gafas protectoras

Mazo

Escoplo

Paleta con muescas

Espátula para lechada.

1 Utilice una rasqueta para extraer toda la lechada que sea posible del canto de los azulejos que se van a quitar. Taladre unos cuantos agujeros en su superficie para aflojarlos, y rómpalos con un mazo y un cincel. No olvide usar guantes y gafas protectoras.

2 Aplique adhesivo sobre la pared y coloque el nuevo azulejo presionando firmemente. Utilice espaciadores para mantener la separación alrededor de los cantos mientras se seca el adhesivo. Una vez seco, quite los espaciadores y aplique la lechada a las juntas.

Planchas de azulejo de plástico

Un modo rápido y barato de cambiar el aspecto de una superficie alicatada es usar planchas de azulejo de plástico. Son muy fáciles de colocar y se pueden utilizar directamente sobre la superficie alicatada.

Herramientas para el trabajo

Paleta con muescas

Tijeras

Espátula para lechada

1 Utilice la paleta con muescas para aplicar el adhesivo en el reverso de las planchas cubriendo toda su superficie.

2 Presione las planchas sobre su posición. Se puede cubrir una zona muy amplia en muy poco tiempo. Las planchas se pueden cortar con tijeras para ajustar perfectamente el tamaño. Una vez que el adhesivo se ha secado, aplique la lechada.

glosario

A tope o a paño: Apariencia sin juntas de dos o más superficies.

Anclaje de hormigón: Tornillo diseñado para anclarse directamente a la albañilería, sin necesidad de tacos.

Arrancadora a vapor: Dispositivo que ayuda a quitar el papel de las paredes echando vapor sobre su superficie, lo que provoca el hinchamiento del papel, que puede así ser retirado con mayor facilidad.

Azulejos y baldosas: Las losetas cerámicas (azulejos y baldosas), en contraposición a las losetas flexibles, como las de corcho o vinilo.

Bajante o tubería de aguas negras: Tubería de desagüe de gran diámetro, en la que se descarga la salida del inodoro. Normalmente se sitúa en la pared exterior de la vivienda.

Base de disolvente o al aceite: Término que se refiere a la composición de pinturas y barnices vidriados.

Base de suelos: Material de base de los suelos, situado debajo del recubrimiento, hecho normalmente de tarima, tablero de contrachapado u hormigón.

Bloque de marcado: Pequeño bloque de madera, cortado a medida, utilizado para ayudar a marcar las partes a recortar de una encimera o panel, de modo que se ajuste adecuadamente.

Cajeado: Técnica de cubrir con un bastidor piezas poco estéticas, como las tuberías. Está formado por un bastidor de listones, cerrado por un tablero de construcción como el mdf.

Cartón piedra: Tablero de construcción delgado, usado a menudo en suelos para tener una superficie lisa de base, antes de colocar el recubrimiento.

Cáscara de huevo: Pintura resistente al desgaste de acabado mate, disponible en variantes acrílicas y con base de disolventes.

Cemento disolvente: Adhesivo para uniones de algunas tuberías de desagüe de plástico.

Cisterna: Tanque de almacenamiento de agua para alimentar la casa, o término aplicado a los pequeños depósitos usado en el inodoro.

Cola de madera: Adhesivo especial para unir piezas de madera.

Colorante: Color concentrado suministrado en tubos o contenedores pequeños, diseñado para añadir color a la pintura o barniz, para conseguir el efecto deseado. Los hay universales, en el sentido de que pueden usarse en pinturas y barnices, tanto acrílicos como con base de disolventes.

Compuesto autonivelante: Compuesto aplicado a bases de suelos con objeto de tener una

superficie nivelada sobre la que colocar los recubrimientos adicionales.

Conector: Pieza de tubería diseñada para conectar otras secciones de tubería.

Cornisa: Moldura decorativa fijada a la parte superior de los muebles de pared, o a la unión pared-techo.

Cuerpo o armazón: Estructura básica de un mueble de baño, sin incluir partes para su embellecimiento, como puerta a frontales de cajones.

Detector de viguetas: Dispositivo sensor usado para detectar viguetas en paredes y techos. Algunos pueden tener otro modo de funcionamiento para detectar tuberías y cables, por lo que constituye un elemento importante para la seguridad, al ayudar a evitar el taladrar tuberías y cables.

Ducha mezcladora: Tipo de accesorio de baño en el que los grifos se conectan directamente a una manguera y alcachofa de ducha, formando un accesorio multipropósito.

Emulsión: Pintura acrílica o al agua usada en superficies abiertas, como paredes y techos.

Emulsión de vinilo: Pintura al agua idónea para ambientes de cuartos de baño, ya que, al contener vinilo, resulta más fácil de limpiar.

En suite: Término aplicado a veces a los baños directamente a adyacentes a una habitación, para prestar servicio a las mismas. Este tipo de baños se ejecuta a menudo realizando un tabique dentro de una habitación más grande, para proporcionar espacio.

Encimera: Superficie de trabajo colocada en la parte superior de los muebles de suelo de un cuarto de baño integrado.

Esmalte: Recubrimiento decorativo resistente al desgaste de accesorios de baño. Tradicionalmente usado en antiguas bañeras de hierro.

Esmalte (pintura de esmalte):
Acabado de pintura muy decorativo, resistente y brillante.

Espaciadores: Divisorias de plástico colocadas entre los azulejos para mantener una distancia uniforme entre ellos.

Frontal de falso cajón: Frontal de cajón no unido a un verdadero cajón, sino a un cuerpo de mueble con objeto de imitar la posición del cajón, manteniendo el acabado decorativo de una hilera de muebles.

Iluminación a bajo nivel: Sistema de iluminación en el que las lámparas se sitúan bien por debajo de la superficie del techo.

Iluminación empotrada: Sistema de iluminación encastrado en una superficie, como los puntos de luz empotrados en el techo.

Inglete: Unión en ángulo, normalmente de dos tramos de material que se juntan para formar un ángulo recto, por lo que cada pieza debe cortarse a 45°.

Integrado: Cuarto de baño que incluye muebles similares, unidos permanentemente en su posición y, generalmente, dispuestos en hileras.

Ladrillo con paso de aire: Ladrillo con varios agujeros, utilizado en la ventilación en muros de baños exteriores.

Laminado: Término usado para definir el proceso de unión a una superficie, por ejemplo de aglomerado, de una fina lámina de plástico, para encimeras de cuarto de baño.

Lavabo de pedestal: Lavabo soportado parcialmente por un pedestal.

Lavabo montado en la pared: Lavabo montado directamente sobre la pared, mediante anclajes de soportes (escuadras) en lugar de tornillos y un pedestal.

Lechada: Componente estanco al agua, con el que suelen rellenarse las holguras entre azulejos.

Listón: Pieza delgada de madera, utilizada en los cajeados y en otros muchos usos de construcción.

Losetas flexibles: Losetas decorativas de materiales que pueden plegarse, tales como corcho o vinilo.

Machihembrado: Mecanismo de encaje de piezas usado en algunos tipos de tarimas y tableros de construcción o empanelado.

Mdf o md: Aglomerado de media densidad. Tablero de construcción hecho con fibras de madera.

Moldura del friso (o del zócalo): Listón de madera o moldura que limita la parte superior del zócalo, dividiendo de ese modo la pared en una parte superior y otra inferior.

Moldura inferior: Moldura que se une a la parte baja de los muebles de baño de pared.

Monobloc: Grifo con un solo surtidor en el que se mezclan el agua fría y la caliente para que el agua salga a la temperatura deseada.

Mueble de suelo: Mueble de baño instalado sobre el nivel del suelo.

Muebles de pared: Muebles de cuarto de baño montados en la pared.

Nivel dividido: Cuando una habitación presenta un escalón en suelos o techos.

No integrado: Término aplicado a la disposición de cuartos de baño en la que los muebles no están anclados permanentemente en un lugar.

Panel de terminación: Panel decorativo unido al extremo de una hilera de muebles de pared o de suelo. Con frecuencia están hechos a juego con el acabado de frontales de pruebas.

Panel para baño: Panel decorativo que se une normalmente al lateral de la bañera, y que suele ser extraíble con objeto de tener acceso a la parte inferior de la bañera.

Pared hueca: Pared compuesta por dos capas. De hecho, dos paredes separadas por un hueco o cavidad. Es común en la construcción de paredes exteriores de casas modernas.

Patentado: Material, técnica o herramienta específica de un fabricante o grupo de fabricantes.

Puntal: Piezas verticales de madera usadas en la construcción de un tipo de tabique.

Pva o adhesivo de polivinilo: Acrónimo de acetato de polivinilo. Adhesivo multipropósito que puede también usarse disuelto en agua para formar una solución estabilizadora para superficies pulverulentas de paredes, techos y suelos.

Pvc: Acrónimo de cloruro de polivinilo.

Registro de acceso: Parte de un cajeado dotada de puerta con bisagras o panel extraíble, que permiten el acceso al interior.

Relleno o calafateado: Relleno flexible suministrado en tubos y dispensado con una pistola de sellador. Debe ser alisado para su acabado antes de que seque.

Rieles para alumbrado: Sistema de iluminación en el que una serie de lámparas se montan sobre un riel. La posición de las lámparas suele poder deslizarse a lo largo del riel.

Rodapié: Moldura decorativa de madera colocada en la base de una pared.

Sellador de silicona: Sellador estanco usado a lo largo de las junturas.

Suministro en el borde: Diseño de bidé en el que el agua sale por la parte baja del reborde, con objeto de calentar el asiento.

Superficie de salpicadura: Área de la pared situada directamente sobre los lavabos, bañeras o encimeras, que se cubren con un material fácil de lavar, como los azulejos.

Tabique de puntales: Tipo de tabique hecho de puntales de madera cubiertos con paneles enyesados.

Tacos: Funda de plástico o metal, insertada en agujeros taladrados en la pared para alojar tornillos.

Tapón automático: Tapón de desagüe conectado al sistema de desagüe que se cierra o abre accionando un cable o varilla.

Teflón, ptfe o politetrafluoretileno, cinta: Cinta para sellar fugas en uniones.

Tubería de desagüe o de salida: Tubería que une la salida de un cuarto de baño, desde su bote sifónico hasta el sistema de drenaje.

Vástago: Parte interna de un grifo.

Venteo estático: Rejilla de ventilación sin partes mecánicas.

Ventilador: Sistema mecánico de ventilación, montado sobre la pared o el techo.

Vestido de ventanas: Acabados decorativos de ventanas, como, por ejemplo, cortinas y persianas.

Vigueta: Tramo de madera usado en la construcción de techos y suelos.

Vinilo: Material utilizado pana obtener recubrimientos de suelo decorativos, estancos y fáciles de limpiar. También cubierta protectora de algunos papeles y aditivo de pintura, que mejora las propiedades de resistencia al desgaste y facilita su limpieza.

Zapatas y arandelas de juntas: Aros de goma que evitan fugas en el interior de los grifos.

Zócalo: Tablero montado entre la parte inferior de los muebles de suelo y el suelo, para obtener un acabado decorativo. A menudo se unen a las patas de los muebles por medio de clips sujetos por soportes especiales.

índice

los autores

Julian Cassell y Peter Parham han dirigido su propio negocio de construcción y decoración durante varios años, habiendo renovado con éxito gran variedad de pequeñas y grandes propiedades en el Reino Unido. Estos autores premiados han escrito varios libros, que cubren todos los aspectos del bricolaje, y su aproximación innovadora al problema les ha convertido en invitados populares de programas de televisión y radio.

agradecimientos

Los autores desearían agradecer a las personas siguientes por proporcionarles apoyos, consejos y ayuda en general en la producción de este libro: David House de Hewden Hire, en Bruton; Andrew Toogood, de Bradfords, en Yeovil; Colin y Ros Lawrence, John White y Richard Hooper, de B. J. White, de Yeovil; Michael y Sue Read, y Bill Dove.

Murdoch Books querría ampliar su agradecimiento a quienes han ayudado a la edición de este libro, especialmente a: Alister Laing, Michelle Pickering y Iain MacGregor por resolver todos los problemas con su facilidad habitual. También queremos agradecer mucho a Tim Ridley, no sólo por su saber hacer tras las cámaras, sino también por su contribución ante ellas. "Grazie mille" a Marina Sala, su capaz ayudante, y, como siempre, muchas gracias a Adele por su maestría en los departamentos de catering y consulta.

Todas las fotografías son de Tim Ridley y sus derechos de Libros Murdoch UK Ltd excepto: pág. 6 Ideal-Standard, pág. 7 Armitage Shanks, pág. 8 Fired Earth, págs. 10 y 11 Armitage Shanks, pág. 15 Armitage Shanks (ambas), págs. 20 y 21 Armitage Shanks, pág. 22 Armitage Shanks (ambas), pág. 23 arriba y abajo derecha Armitage Shanks, abajo izquierda Ideal-Standard, pág. 30 válvulas Ideal-Standard, arriba derecha Armitage Shanks, pág. 31 todas las fotos Ideal-Standard, pág. 36 y 37 Armitage Shanks, pág. 53 abajo derecha Armitage Shanks, pág. 57 abajo derecha Ideal-Standard, pág. 59 abajo derecha Ideal-Standard, pág. 61 abajo derecha Armitage Shanks, pág. 64 y 65 Ideal-Standard, pág. 66 y 67 todas las fotos Ideal-Standard excepto la de la pág. 67 abajo derecha de Armitage Shanks, pág. 78 y 79 Amstrong, pág. 80 izquierda Ideal-Standard, derecha Armitage Shanks, pág. 81 izquierda Armitage Shanks, pág. 87 abajo derecha Armitage Shanks, pág. 96 y 97 Ideal-Standard, pág. 98 Armitage Shanks (ambas), pág. 99 abajo izquierda y derecha Armitage Shanks, pág. 112 y 113 Ideal-Standard, pág. 124 y 125 Armitage Shanks, pág. 133 abajo derecha Murdoch Books®/Meredith.

IMPRESO EN ESPAÑA - PRINTED IN SPAIN